Pierre Saintyves

Saint Christophe Histoire méconnue d'un saint d'origine païenne

successeur d'Anubis, d'Hermès et d'Héraclès

PRÉFACE

Tous les vieux saints ne sont pas des personnages légendaires ou mythiques. Si jadis mon essai sur *Les Saints Successeurs des Dieux* a pu donner à penser que tel était mon sentiment, c'est parce que je n'étudiais dans ce livre que les personnages dont on a embelli l'histoire ou fabriqué la légende de toutes pièces. Je n'imagine pas qu'il y ait eu quelqu'un pour croire que je tenais pour légendaires les biographies de saint Louis ou de saint Français de Sales. Les premiers siècles eux-mêmes nous ont laissé des notices certaines et des histoires vraies. L'existence de l'apôtre saint Paul († 67), que certains considèrent comme le fondateur du christianisme, n'a jamais été niée par personne. Nul n'a eu ou n'aura l'idée de rejeter parmi les fables la notice d'Eusèbe sur saint Justin le Philosophe († 167) ou les *Confessions* de saint Augustin († 430). Les saints fabuleux n'excluent pas les saints véritables. On ne saurait conclure, du fait de vies plus ou moins controuvées ou mythiques, que tous les anciens actes des martyrs et toutes les vieilles légendes des saints sont des pièces apocryphes. Bien sot celui qui serait tenté de généraliser le cas de saint Christophe et de dire : *Ab uno disce omnes.*

En revanche, il faut reconnaître qu'il existe un grand nombre de vies de saints qui furent abondamment « dorées » et beaucoup d'autres qui sont de pures inventions littéraires. Il n'existe pas de répertoire critique ou de dictionnaire de ces sortes d'histoires ; mais il faut souhaiter que l'on entreprenne un semblable recueil. Il rendrait les plus grands services non seulement à l'historien qu'il prémunirait contre trop de confiance et auquel il fournirait des points de comparaison indispensables, mais au psychologue, en lui permettant d'étudier la formation des légendes et d'en établir les lois sur des bases sérieuses.

Puisse cette étude sur saint Christophe suggérer des recherches analogues et préparer ainsi une œuvre qui rendrait les plus grands services à l'historien et au philosophe.

SAINT CHRISTOPHE

L'histoire de Christophe est des plus étonnantes. La *Légende dorée* en a donné une version qui est devenue classique.[1] La voici, avec quelques abréviations :

Christophe était un géant de la terre de Chanaan, haut de douze coudées et d'un aspect terrible. Il entra au service d'un puissant roi, parce qu'il avait entendu dire que ce roi était le plus puissant du monde. Ayant remarqué que le roi se signait dès que l'on prononçait le nom du diable, il en conclut que celui-ci était plus puissant que son maître et résolut de se mettre à son service. Il le rencontra dans le désert et fit route avec lui ; mais en arrivant à un carrefour, le diable aperçut une croix et prit soudain la fuite. Christophe, l'ayant rejoint, lui demanda la cause de sa frayeur et le diable, pressé de questions, fut contraint d'avouer que Jésus-Christ était plus puissant que lui.

Sans tarder, Christophe se mit à la recherche de ce maître inconnu. Un ermite qu'il rencontra lui enseigna les vérités de la foi chrétienne et le baptisa. Désireux de le faire avancer dans la voie de la perfection, l'ermite lui recommanda d'abord de jeûner ; mais le bon géant en était tout à fait incapable. Il lui enjoignit alors de réciter des prières, mais Christophe s'embrouilla et ne put jamais en venir à bout. L'ermite, comprenant enfin son néophyte, l'établit au bord d'un fleuve rapide où périssaient chaque année nombre de voyageurs. Plein de bonne volonté, Christophe prenait les passants sur son dos, et, aidé d'un bâton solide, leur faisait ainsi franchir le torrent.

Un jour, il s'entendit appeler par un enfant. Il sortit de sa hutte, mit le jeune voyageur sur son épaule et commença de traverser le fleuve. Mais quand il fut au milieu, l'enfant devint si lourd que le géant, courbé en deux, n'avançait plus qu'à grand peine. Arrivé enfin à la rive, il demanda à l'enfant

---

[1] J. DE VORAGINE, *La Légende Dorée*, c. 95, trad. J.-B. M. Roze, P. 1902, II, 283-291.

qui il était : « — Tu m'as chargé d'un si grand poids, dit-il, que si j'avais porté le monde entier sur mes épaules, je n'aurais pas eu un plus lourd fardeau. » « — Ne t'étonne pas, Christophe, répondit l'enfant, car tu as eu sur les épaules, non seulement le monde entier, mais celui qui a créé le monde. Sache que je suis Jésus-Christ. » L'enfant disparut et Christophe, qui avait planté son bâton dans le sable, sur le conseil de Jésus, afin de s'assurer de la vérité de ses dires, le vit se couvrir de feuilles et de fleurs.

Peu de temps après, il se rendit à Samos, en Lycie, pour affermir les chrétiens en butte aux persécutions des païens. Et, renouvelant le miracle du bâton sec qui reverdit, il convertit un grand nombre d'infidèles. Alors le roi ordonna de l'aller prendre et de le lui amener. L'aspect du colosse effraya le prince, qui, cependant, s'étant remis, lui demanda son nom et sa patrie. Christophe s'avoua Chananéen et ajouta : — Avant mon baptême, je me nommais *Réprouvé* ; mais aujourd'hui je me nomme *Christophe* (Celui qui porte le Christ). Le roi le blâma de ce changement, mais Christophe répondit : — C'est à bon droit que tu te nommes *Dagnus* (lisez *Damnus* ou damné) parce que tu es la mort du monde et l'associé du diable. Puis, comme il refusait de sacrifier, le roi essaya de le faire séduire par deux belles filles, Nicée et Aquilinie ; mais inutilement. Alors le roi ordonne divers supplices ; mais Dieu protège Christophe et lorsqu'on lui lance des flèches, elles restent suspendues dans leur vol, sans le frapper. Cependant, l'une d'elles retourne en arrière et vient aveugler le roi. Alors, Christophe lui dit : — C'est demain que je dois mourir ; tu feras donc, tyran, de la boue avec mon sang, tu t'en frotteras l'œil et tu seras guéri. Le lendemain, on lui trancha la tête et le roi fut guéri, ainsi qu'il lui avait été promis, en mettant un peu du sang du martyr sur son œil.

PREMIÈRE PARTIE

CHAPITRE I
LA LÉGENDE ET LES IMAGES

§ I. — *De l'allégorisme dans la légende de saint Christophe*

Cette singulière version n'est pas très ancienne, du moins n'en avons-nous pas de rédaction antérieure au XIIᵉ siècle et il est bien certain que son auteur n'était pas ennemi de l'allégorie. Les noms successifs du martyr, ses différents maîtres, le transport de l'enfant plus pesant qu'un monde suffisent amplement à le prouver. Luther n'hésite pas à dénier toute existence réelle de Christophe. Dans ses *Propos de table*, il en fait l'image du voyage du chrétien à travers la vie : « Il traverse une mer orageuse, agitée, c'est-à-dire le monde, et les vagues qui l'assaillent, ce sont les tyrans et les factions, ainsi que tous les diables, qui cherchent à lui donner la mort de l'âme et du corps ; mais il s'appuie sur un grand arbre qui lui sert de soutien, c'est-à-dire sur la parole de Dieu. De l'autre côté de la mer est un petit vieillard avec une lanterne qui renferme une lumière allumée ; ce sont les écrits des prophètes ; il se dirige de ce côté et arrive sur la plage où il se trouve en sûreté. Il a à son côté un panier où se trouve du pain et du poisson ; ceci signifie que Dieu n'abandonne point ses fidèles sur la terre, au milieu de tous les maux et de toutes les tribulations qu'ils ont à endurer, mais qu'il les nourrit et ne les laisse point mourir de faim. C'est un beau poème chrétien. [2] »

À la suite de Luther, les protestants n'ont vu dans ce saint personnage qu'une figure allégorique. [3]

---

[2] M. LUTHER, *Sämtliche Schriften*, éd. J.-G. Walch. Halle, 1753, t. XXII, p. 1993. *Les Propos de Table de Martin Luther*, trad. G. Brunet, P. 1844, in-12, pp. 273-274.

[3] Cf. : MELANCHTON, *Confessio fidei invictissimo imperatori Carolo V Caesari augusto in comiciis Augustae Anno MDXX. Addita est Apologia Confessionis*, Wittemberg, 1531, in-4°. J.

Depuis longtemps, les savants catholiques conviennent volontiers que son histoire n'est qu'un roman. Le P. Papebroch, bollandiste de la première heure, estimait déjà qu'il est à peu près impossible « de tirer quelque chose de vrai de sa légende.[4] »

Baillet, l'illustre hagiographe du XVIIe siècle, écrivait justement : « Les actes que l'on trouve dans Mombrice et dans les autres sont ou faux absolument ou entièrement corrompus, quelque effort que Surius ait fait pour en recueillir quelque chose de vraisemblable... Baronius reconnaît qu'il n'y a rien de certain (dans son histoire), il estime néanmoins plus que le reste ce que l'on en a mis dans le bréviaire mozarabe de Tolède.[5]

On pourrait citer vingt autres autorités modernes, telles que l'abbé Corblet ou le P. Delehaye, qui partagent entièrement l'opinion de Papebroch et de Baillet.[6]

Bien mieux, des catholiques — et non des moindres — n'ont pas hésité à adopter l'interprétation mystique de cette étrange légende. Pour Jérôme Vida, évêque d'Albe et poète latin remarquable, non seulement le nom du saint, mais ses principaux attributs : le fleuve, la palme, la hauts taille, tout doit s'entendre au sens symbolique[7] et nous voyons de graves théologiens présenter Chris-

---

GAST, *Convivalium sermonum liber meris jocis ac sulibus refertur*, Basileae, 1542, II, 282. LES CENTURIATEURS, Quarta centuria eccies. hist., Basileae, 1560, Centurea IV, cap. XII, col. 1420. G. A. HYPERIUS, *De recte formando theologiae studio*, 1556, lib. III, cap. VII. CHEMNITZ, *Examen concilii Tridentini*, Basileae, 1565, *De invocatione Sanctorum*, Sectio I, 15. RIVET, *Sommaire et abrégé des controverses de notre temps touchant la religion*, La Rochelle, 1608, ch. VI. J.-A. GLEICH, *Dissertatlo hist. quà idolum pontificorum destructum h. e. magnum quem vocant Christophorum*, Wittembergae, 1688, pet. in-4°, §. 9.

[4] *Prolegomenôn ad Ephemenides* Graeco-Moscas dans ÀA. SS. Maii I, XXVI.

[5] *Les Vies des Saints*, P. 1739, in-4°, V, 486.

[6] Abbé CORBLET. *Hagiographie du Diocèse d'Amiens*, IV ; le P. DELEHAYE dans *Analecta Bollandiana* (1912), XXXI, 475.

[7] VIDA, *Hymne*, 26, t. II, p. 150. Cf : MOLANUS, *De historia SS Imaginum*, éd. Paquot, p. 320. Dans le même sens, voir le poème d'André SCHONWALDT, *Vom Leben, Raisen Wandershaften und Zuständ des grossen S. Christoffels*, 1591.

tophe comme la figure du confesseur ou de l'apôtre du Christ.[8] Serarius, qui partage cette opinion, se demande même si Christophe a bien réellement existé.[9]

Plus encore, pour combattre le matérialisme grossier de la dévotion envers saint Christophe et les pratiques superstitieuses dont on l'honorait, on estima utile d'insister, auprès du peuple, sur la signification spirituelle de cette sainte figure. Saint Pierre Damien insiste sur sa signification allégorique[10] et Digeat, célèbre prédicateur du XVIe siècle, parle dans le même sens.[11] Certaines images, quo l'on distribuait aux fidèles, étaient accompagnées d'un commentaire où le mysticisme fleurait l'allégorie. Le suivant est rapporté par Molanus ; le saint y est interpellé, en ces termes :

« — Qui donc es-tu ?

— Je suis l'image de celui qui confesse le Christ dans la sincérité de son cœur et auquel cet enfant que je porte a donné un doux nom.

— Quel est cet enfant ?

— Le Christ.

— À quoi bon cette immense taille de géant pour porter le léger fardeau d'un petit enfant ?

— En apparence, cet enfant paraît petit à tous les yeux, et cependant il n'y a rien de plus grand que lui dans tout l'univers ; ainsi doivent être robustes de corps et d'esprit ceux qui veulent être les apôtres du Christ et le porter par leur bouche.

— Pourquoi, en entrant à travers les rochers d'une mer gonflée par la tempête, repousses-tu les flots ennemis par cet arbre énorme ?

---

[8] Auguste WICHMANS, *Apotheca spiritualium pharmacorum contra luem contagiosam alios que morbos.* Antwerpiae, 1626, p. in-4°, p. 109. LAURENTIUS VILLANOVA, *De ratione studii theologici*, lib. III, cap. VII.

[9] SERARIUS, *Litaneutici Libr. II, quaes* 20 : An in rerum natura existerit aliquando sanctus Christophorus ?

[10] Pierre DAMIEN, Serm. 33. De Sancto Christophoro martyr, dans Opera, 1633, II, 76.

[11] BIGEAT, *Panégyrique des Saints*, II, 593.

— En cette mer que je foule aux pieds, vois le monde pervers... Dans cet arbre ne vois pas autre chose que la sainte parole qui dirige les cœurs pieux à travers l'adversité.[12] »

En présence d'une légende fabuleuse à laquelle il est si facile de trouver un sens allégorique, les esprits curieux ne manquèrent pas de se demander comment elle avait bien pu se former. Les uns prétendirent qu'elle avait été inspirée par l'étymologie du nom même de Christophe et les autres, qu'elle était le résultat d'une interprétation plus ou moins fantaisiste de son image.

Piganiol de La Force est déjà persuadé que le nom du saint fut le grand inspirateur des légendaires et des imagiers.[13] Max Muller écrivait : « Il est clair — et les écrivains catholiques le reconnaissent eux-mêmes — que toute la légende de saint Christophe a été suggérée par son nom, lequel signifie « celui qui porte le Christ. » Ce nom n'avait eu originairement qu'un sens spirituel, et désignait celui qui porte le Christ dans son cœur...[14] » Alfred Maury et Konrad Richter ne pensent guère différemment[15] et nous voyons un prêtre, excellent archéologue, soutenir que son image avait été inspirée par son nom et il ajoutait : « L'intention primitive des artistes, à une époque où tout était symbolique, dans l'art comme dans la liturgie, était de rappeler aux fidèles qu'ils devaient porter Jésus-Christ dans leur cœur avec autant de soin que Christophe le portait sur ses robustes épaules.[16] »

Il n'est pas impossible qu'une figure emblématique du vrai chrétien, de celui qui porte le Christ dans son cœur ait pu être un jour vénérée et donner lieu à une interprétation légendaire, mais, dans ce cas la légende découlerait à la fois

---

[12] J. MOLANUS, *De Historia SS. imaginum.* éd. J. N. Paquot, p. 321, note C. trad. par L. DU BROC DE SEGANGE, Les Saints patrons des corporations, P. s. d., II, 83.

[13] PIGANIOL DE LA FORCE. *Description de Paris*, dern. éd., I, 309.

[14] MAX MULLER, *Nouv. Leçons sur la science du Langage*, P. 1868, p. 313.

[15] A. MAURY, *Croy. et Lég. du Moyen Âge*, P. 1896, p. 145 ; K. RICHTER, *Der Deutschen S. Christoph.* Berlin, 1896, p. 28-29.

[16] Abbé J. CORBLET, *Notice sur une médaille de dévotion présumée d'origine amiénoise*, p. 1866, p. 4.

du nom et de l'image. Pour ma part, je ne crois pas à la possibilité d'une genèse purement phonétique. Une légende sainte sort ordinairement d'un culte.

Le P. Cahier, qui fut jésuite et homme d'esprit, préfère admettre un culte primitif qui s'adressait à un martyr à peu près inconnu et dont les images, interprétées d'une façon plus ou moins symbolique, donnèrent naissance à une légende plus ou moins merveilleuse. Mais laissons-lui la parole :

« Convenons d'abord, dit-il, d'un fait qui ne peut être nié. La légende actuelle du saint est incontestablement récente. Il ne s'en trouve presque aucune trace ni dans le *Ménologe* de l'empereur Basile, ni dans les *Ménées*, ni dans la liturgie hispano-gothique, ni même dans une vieille séquence d'un missel de Prague imprimé en 1478 ; et néanmoins l'Allemagne, voisine des Tchèques, n'a pas toujours épargné les surcharges merveilleuses à l'histoire de saint Christophe. De tout ceci l'on peut conclure que les monuments écrits antérieurs ne sont pas la vraie source du récit rédigé par Jacques de Varazze et autres. D'où ces derniers avaient-ils pris tant de hardiesse, et faut-il ne voir en eux que des faussaires audacieux ? Rien ne justifierait une conséquence si outrée. Sans avoir voulu nous tromper, ils ont pu se tromper eux-mêmes ; en quoi ils deviennent des guides suspects, je le veux bien, mais non pas de malhonnêtes gens. »

« Qu'est-ce donc qui les aura dévoyés ? *Très probablement quelque représentation plus ou, moins habile, mais surtout mal comprise par les spectateurs.* Nous avons encore, dans plusieurs de nos vieilles églises, de quoi nous renseigner sur cette cause d'erreur. Excusons les artistes et leurs interprètes, mais faisons voir aussi où se trouve le péril de certaines informations qui ne parlent qu'aux yeux. »

« Nulle difficulté pour qui connaît les documents primitifs : Christophe fut un barbare de haute taille, enrôlé de force dans les armées romaines. On s'accorde à dire que la langue de sa nouvelle patrie lui coûta peu de peine à parler ; on veut même qu'il y ait été initié, ainsi qu'à la religion de Jésus-Christ, d'une façon miraculeuse. Craignant de s'exposer témérairement au martyre, il pria Dieu de faire fleurir son bâton en garantie d'une persévérance qu'il n'osait présumer. Après quoi, il triompha généreusement des tortures et mourut par le glaive. »

« Là-dessus, les artistes se mirent à l'œuvre ; et, sans trop même se donner carrière, prêtèrent facilement à des interprétations abusives dont on ne peut les rendre responsables. Le nom du martyr et sa haute stature fournirent tout d'abord la donnée principale : un géant portant l'Enfant Jésus. Le *Christoforos* des Grecs, devenu au moyen âge *Christoferus* (comme qui dirait *Christum ferens*) se trouvait par là traduit aux yeux, pour l'Occident comme pour l'Orient. Le bâton fleuri ou feuillu se changeait facilement en arbre, dès qu'il s'agissait d'un colosse ; et pour indiquer la palme du martyre, cet arbre devint assez naturellement un palmier. Afin d'exprimer par une seule caractéristique les tourments qu'il avait endurés, on le peignit traversant des eaux profondes et agitées. L'Église, d'après l'Écriture, compare maintes fois les tribulations aux grandes eaux ; et le nom même de notre saint rappelait le souvenir du roi des martyrs dont il est écrit : *De torrente in via bibet ; propterea exaltabit caput* (Ps. CIX, 8). »

« Plus tard, le palmier aura fait penser à la Palestine ; et la taille élevée de Christophe, aux géants chananéens si souvent mentionnés dans la Bible. Puis les sauvages (les barbares) ou ogres du moyen âge étant une sorte de brutes à face humaine, notre héros chrétien sera devenu lourdaud pour l'esprit et hideux pour le visage, comme dans le vitrail de la cathédrale de Strasbourg. Les eaux qu'il franchissait magistralement, et son fardeau, si noble qu'il fût, l'auront transformé en portefaix passeur de rivière. Tout le reste suivait à l'avenant, car il fallait bien quelque directeur pour un néophyte si épais et c'est ce qui le fait ordinairement accompagner par un moine portant la lanterne, afin de l'aider dans son office. »

« Nous n'avons rien violenté, ce semble, conclut le savant jésuite ; et cette exposition doit suffire pour acheminer vers l'explication de cas analogues où l'on a dépensé plus de déclamations que de bon sens, ou du moins que de vrai sens historique.[17] »

Ainsi donc, le point de départ serait une légende primitive très simple où paraît déjà le nom de Christophe, puis une série d'interprétations de cette légende par l'image, qui fut enfin interprétée à son tour par des gens pieux, dont les efforts aboutirent à des textes analogues à ceux de Gautier de Spiere (983) ou de *La Légende dorée*. (fin XIIIe s.) Il faut d'ailleurs souligner que, dans cette double exégèse, de la légende par l'image et de l'image par une nouvelle légende, l'allégorisme semble être le constant inspirateur.

Est-ce à dire que nous n'avons qu'à conclure dans le même sens ? L'histoire de Christophe est-elle bien, en effet, une légende allégorique greffée sur un culte immémorial, grâce à l'interprétation symbolique d'un nom et d'une image ? Nous ne le pensons pas.

Il y a lieu de procéder à un examen plus approfondi. Si nous nous en tenons aux versions anciennes et que nous les examinions attentivement, nous sommes amenés à tourner les yeux vers l'orient. Voici comment s'exprime le Ménologe grec au sujet de Christophe :

« De ce saint on rapporte, chez plusieurs, des choses merveilleuses et étonnantes ; entre autres choses : il avait d'abord une figure de chien, et il dévorait les hommes, et à la fin, lorsqu'il crut dans le Christ, il changea de forme. Mais la réalité n'était pas telle : quelques-uns ont soupçonné qu'il avait été tel parce qu'il était païen farouche et redoutable. Il fut cependant, sous le règne de Dèce, fait prisonnier dans un combat par un lieutenant de ce prince. Comme il ne pouvait parler grec, il fit une prière à Dieu ; et un ange lui fut envoyé, qui lui dit : Rassure-toi, et touchant ses lèvres, il fit en sorte qu'il parlât grec. Aussi, étant entré dans la ville, il prêchait le Christ. Des gardes lui furent envoyés, qui le saisirent. Et comme son bâton avait poussé des bourgeons, ils crurent en Christ et furent en même temps que Christophe, baptisés à Antioche par saint Babylas et il reçut le nom de Christophore. Dans la suite, conduit à

---

[17] *Les Caractéristiques des Saints*, II, 447-448.

l'empereur, il est d'abord soumis à beaucoup de tortures et finalement décapité.[18] »

L'indication d'Antioche comme lieu de baptême, et de saint Babylas comme administrateur du sacrement, permettent de penser que notre légende est d'origine gréco-syrienne. Les *Ménées*, qui font naître Christophe au pays de Chanaan, n'y contredisent pas. Toutefois, si nous donnons notre attention aux thèmes miraculeux, nous remarquons que notre martyr passe pour avoir eu une tête de chien avant sa conversion et ceci nous rappelle un dieu égyptien Anubis. Quant au bâton sec qui bourgeonne, il est bien vrai que ce thème n'est pas inconnu en Palestine, où ce miracle passe pour s'être produit en faveur d'Aaron ; mais il semble être chez lui en Égypte ; nous le trouvons en effet dans la vie de saint Jean le Nain, ainsi que dans la passion de saint Sarapamon.[19] La légende rédigée par Gauthier de Spire, en 983, s'étend plus longuement sur les épreuves miraculeuses que Christophe dut subir par les ordres de Dagnus. Elle nous parle d'une flèche qui, destinée au saint, revint frapper le tyran et d'une tentation féminine, qui aboutit à la conversion des deux tentatrices. Or ces deux thèmes sont également fréquents en Égypte. Nous retrouvons celui de la flèche justicière dans l'histoire d'Apollonios et dans la vie de saint Sarapamon.[20]

Les courtisanes qui se convertissent à la voix d'un martyr ou d'un anachorète sont toutes plus ou moins apparentées à Thaïs l'Égyptienne.[21]

La version de la *Légende dorée* qui nous montre Christophe rencontrant Satan au milieu du désert, admet implicitement que c'est là le séjour habituel du démon. Or, cette idée fut communément reçue par les Juifs et les chrétiens. Le bouc Azazel est envoyé au désert parce que c'est là l'habitat des diables.

---

[18] *Ménologe* de BASILE, au 9 mai.

[19] P. SAINTYVES, *Essais de folklore biblique*, p. 68, 86-87 et 77. On vénère encore aujourd'hui en Égypte l'arbre de saint Jean-le-Petit sous le nom d'arbre de l'obéissance. R. P. M. JULLIEN, *L'Égypte, souvenirs bibliques et chrétiens.* Lille, 1889, gd. in-8°, p. 48-50, 57-58.

[20] C. AMÉLINEAU, *Contes de l'Égypte chrét.*, 11, 13, et *Actes des Martyrs Coptes*, p. 204.

[21] AMÉLINEAU, *Contes de l'Égypte chrét.*, I, LXXIII-LXXV ; sur Thaïs voir F. NAU, *Histoire de Thaïs dans Ana. du Musée Guimet* (1903), XXX, 51-114.

C'est au désert que le démon tenta le Sauveur et lorsque l'esprit impie est chassé d'un homme, il se refugie dans les lieux arides. Mais cette croyance venait de l'Égypte, ou les déserts de Libye étaient considérés comme le domaine de Typhon, le principe mauvais, et la Bible elle-même en fournit la preuve lorsqu'elle nous montre l'Archange Raphaël condamnant le démon Asmodée à demeurer dans les déserts de la haute Égypte.[22] D'après certaines versions de la *Légende dorée*, l'eau que faisait passer le saint était celle de la mer Rouge, et la prose chantée en l'honneur de saint Christophe nous a conservé la même tradition :

> O Sancte Christophore
> Qui portasti Jesum Christum
> Per Mare Ribrum
> Nec fronxisti crurum
> Et hox est non mirum,
> Quia fuisti magnum virum.

À ces indices purement thématiques, nous pouvons ajouter utilement ceux qui nous sont fournis par les noms géographiques : la légende grecque, bien avant les remaniements de Métaphraste et de Voragine, fait venir notre saint de Lycie et le qualifie de Chananéen. Or, nous trouvons en Égypte la ville de Lycopolis et la Lycopolitanie, qui étaient la ville et le nome des loups et non loin de là la Cynopolitanie et la ville de Cynopolis, qui étaient le nome et la ville des chiens. On comprend facilement que des grecs aient pu transformer en Lycie, la Lycopolitanie. Quant au pays des Chananéens, nous estimons, avec un archéologue catholique, qu'il est fort probable qu'il signifie, comme la Cynopolitanie, le pays des chiens. Les formes *chananeorum* avec un *h* ou *cananeorum* sans *h* ne sont très vraisemblablement que des déformations de *canineorum* qui signifie, en effet, le pays des chiens, car cette dernière graphie, qui figure aussi dans les manuscrits, est très vraisemblablement primitive.[23]

---

[22] *Tobie*, XIII, 3, Cf. : A. MAURY, Croy. et Lég. du Moyen Âge, p. 143, note 2.
[23] E. PASSEMESSE, *Légende de Saint Christophe dans l'Archéologie popul.*, 1868, p. 291. J. Ed. LAROQUE pensait que l'on avait donné une tête de chien à saint Christophe, afin d'indiquer emblématiquement quelle était sa patrie. Cf. *Ann. Achéol.*, XXI, 125, mais il n'explique pas

Ces premières indications, certes, n'ont rien de probant ; mais elles nous incitent à vérifier si cette légende, dont tous les successifs développements et dont les indications géographiques nous font penser en quelque manière à l'Orient et en particulier à l'Égypte, ne dépend pas d'un courant traditionnel où légendes, images et rites s'unissent et se développent en un ensemble véritablement organique. Nous le ferons dans un esprit purement scientifique, sans même nous poser la question de l'historicité de notre saint. Nous ne pensons pas, d'ailleurs avec certains catholiques, que si l'on révoque en doute sa passion, il faille détruire tous les martyrologes et suspecter la réalité historique de tous les saints de l'Église catholique.[24] Nous croyons en revanche, avec Maury, que « même si la critique catholique avait démontré qu'il y a eu réellement un saint Christophe martyrisé sous Déca, il demeurerait constant, néanmoins, que le saint des légendaires (qui doit sa naissance à des traditions plu' ou moins fabuleuses)... n'a jamais eu la moindre existence.[25] »

§ II. — *Des images de Christophe et de leurs analogies avec celles d'Anubis, d'Hermès et d'Héraclès*

Les représentations les plus anciennes de notre martyr sont caractérisées par la tête de chien, la palme et le costume militaire. Or, nous retrouvons précisément ces trois caractéristiques réunies dans nombre de représentations d'Anubis.[26]

a) LE SAINT À TÊTE DE CHIEN. — C'est ainsi qu'il était peint, au dire de Stieglitz, sur l'autel du monastère bâti au mont Sinaï sous le règne de

---

ainsi la légende et l'on aurait besoin de voir d'autres exemples de l'emploi de cette méthode dans l'art chrétien, avant d'admettre qu'elle trouve ici son application.

[24] E. PASSEMESSE, *La Lég. de S. Christophe*, p. 290.

[25] A. MAURY, l. l., p. 147, note 1.

[26] P. SAINTYVES avait déjà publié, dans notre Revue, en 1924, quelques pages sur ce sujet. Cf. : P. S. *L'origine de la tête de Chien de S. Christophe* in *Rev. Anthropol.* (1924), XXXIV, pp. 376-383. Note de l'Édit.

l'empereur Justinien.[27] Didron, dans un voyage au mont Athos, a pu constater que Christophe avait été peint à maintes reprises avec une tête de chien. À Vatopedi, la tête avait été égratignée et lavée ; mais dans le catholicon de Caracallou et sous le porche de la Portaïtissa de Sainte-Laure, il possédait encore sa tête d'animal.[28] Et Didron de penser : « que saint Christophe, à cause de sa taille, garde nos églises comme font aujourd'hui nos suisses et que sa fonction, celle d'un cerbère rébarbatif, aura fait planter cette tête de chien sur ses épaules de géant.[29] »

Il est mieux inspiré lorsqu'il note qu'avec sa figure d'animal sur un corps d'homme, Christophe ressemble à une espèce de divinité égyptienne et, en l'espèce, à Anubis.[30]

Anubis, le dieu chacal, fut adoré comme loup à *Lycopolis* (la Siout actuelle) sous le nom de *Ouapouaïtou* qui signifie celui qui ouvre le chemin du nord et du midi. Il fut également vénéré à *Cynopolis* (aujourd'hui Kaïsa) sous le nom d'*Anoupou* qui vient d'Anoup et signifie vraisemblablement le chacal ou le chien du désert.[31] On peut lire d'Anubis qu'il fut roi au pays des loups et au pays des chiens. Ce fut le dieu le plus populaire des nomes Lycopolites et Cynopolites, ainsi que de toute la Haute Égypte.[32]

---

[27] *Geschichte der Baukunst*, 1837, p. 432. K. RICHTER, *Der Deutsch Christoph*, Berlin, 1896, p. 153.

[28] DIDRON, *Le mont Athos dans Ann. Archéol.* (1860), XX, 161 et 279 ; (1861), XXI, 27-28. Cf : également *Manuel d'iconographie byzantine*, p. 325.

[29] DIDRON, *Le mont Athos dans Ann. Archéol.* (1861), XXI, 28.

[30] DIDRON, l. c. (1860), XX, 279. On a bien essayé depuis d'établir plus solidement ce rapport mais, au dire du P. Delehaye, d'une façon insuffisante : J. VAN DER VLIET, S. *Christophorus* dans *Tweemaan-delijksch tijdschrift voor letteren wetenschap en politick* (1898), I, 188-215. Cf : *Analecta Bollandiana* (1912), XXXI, 476.

[31] Le chacal présente de telles affinités avec le chien et les croisements entre les deux espèces sont encore aujourd'hui si fréquents en Égypte, que l'on peut considérer indifféremment Anubis comme un dieu-chacal ou un dieu-chien.

[32] C. SOURDILLE, *Hérodote et la religion de l'Égypte*, P. 1910, pp. 394-395, note 5. Une antique tradition rapporte que les loups protégèrent jadis Lycopolis et la Lycopolitanie contre une invasion des Éthiopiens. C'est depuis lors qu'elles reçurent leurs noms et que les loups y ont reçu un culte divin. Diodore, I, 88 ; ELIEN, *Hist. des Animaux*, X, 28.

Pline, décrivant les populations de la Haute Égypte, signale « les Ptoemphanes, qui ont un chien pour roi et qui jugent de ses ordres d'après ses mouvements » et dans ces espaces livrés aux fables (ce sont ses propres termes) nous montre encore dans leur voisinage avec les anthropophages qui mangent de la chair humaine « les Cynamolges, qui ont des têtes de chien.[33] » Et il est difficile de ne pas songer, en le lisant, à notre géant Christophe qui avait d'abord une figure de chien et dévorait les hommes.

Est-il nécessaire d'ajouter que Lycopolis, l'ancienne Siout, où l'on a trouvé tant de momies de loups et de chacals, l'un des centres du culte d'Anubis, fut également un grand centre monastique ; qu'on y a trouvé des inscriptions funéraires chrétiennes remontant aux premiers siècles du christianisme[34] et que ce fut là, enfin, que vécut saint Jean de Lycopolis, appelé aussi Jean d'Égypte (305-394) ?[35]

La popularité des dieux à tête de chien était trop grande pour que les Coptes convertis y renonçassent facilement. Aussi bien, quand le christianisme s'implanta en Égypte, fit-on du cynocéphale un collaborateur des Apôtres. « Ce n'est pas une plaisanterie, le fait est réel. Parmi les vies apocryphes et les prédications des Apôtres, il en est une où l'on voit réellement un cynocéphale être le compagnon de saint Barthélemy et de saint André : il faisait la terreur des habitants dans les villes où se portaient les deux apôtres et se livrait parfois à de véritables orgies de massacres. Je crois même qu'il avait des instincts d'anthropophage. Quand les deux Apôtres eurent accompli leur mission, ils firent réflexion que le cynocéphale qu'ils élevaient à la dignité humaine leur avait été d'un grand secours ; qu'une créature qui avait converti tant d'hommes à la religion chrétienne, ne devait par elle-même (eût-elle une tête de chien)

---

[33] PLINE, H. N., VI, 35, 14 et 17.

[34] AMÉLINEAU, *Géogr. de l'Égypte des Coptes*, pp. 192 et 464-466. AMÉLINEAU,. *Monum. pour servir à l'hist. de l'Église chrétienne*, I, 16, 64, 80 et 472. QUATREMÈRE, *Mém. géog. et hist. sur l'Égypte*, I, 274-275.

[35] PALLADIUS, *Hist. Lausiaque*, 35, éd. Lucot, P. 1912, pp. 234-247 ; BAILLET, *Les Vies des Saints*, III, 683-696.

rester privée des bienfaits de la nouvelle religion et que, par conséquent, il fallait en faire un chrétien. D'après ce raisonnement, les deux Apôtres baptisèrent le cynocéphale, qui abandonna ses habitudes anciennes, vécut comme un homme civilisé et comme un saint. La sympathie des Coptes le suivit après sa mort ; on le mit sur les autels et le Synaxaire copte contient réellement un jour où l'on fait la fête du saint Cynocéphale.[36] »

Ainsi, l'examen de ce premier attribut : la tête de chien ou de loup, nous permet déjà d'affirmer, avec la plus grande vraisemblance, que Christophe a emprunté sa tête de chien aux représentations égyptiennes d'Anubis, roi du pays des chiens et du pays des loups dans la Haute Égypte. Voyons maintenant si les deux autres caractéristiques qu'il nous reste à examiner ne sont pas également des attributs du même dieu.

b) DU BÂTON DE CHRISTOPHE. — La Bible fait, de la palme, un symbole de triomphe[37] et les élus, dans l'Apocalypse, portent des palmes à la main on signe de leur victoire.[38] La palme, dans l'iconographie chrétienne, est l'un des attributs habituels des martyrs[39] ; mais l'arbre entier ne figure guère que dans les images des solitaires de la Thébaïde ou do la Haute Égypte et dans les représentations de Christophe.[40]

En Égypte, on aperçoit le palmier partout[41] et les anciens Égyptiens portaient des palmes aux funérailles, comme si le mort devait toujours être considéré comme un triomphateur.[42] L'arbre entier ou la palme accompagnaient

---

[36] E. AMÉLINEAU, *Le Christianisme chez les anciens Coptes*, pp. 54-55.
[37] I. Mach, XIII, 4,37 et 51 ; II, Mach, X, 7 ; Joan, XII, 13.
[38] Apocalypse, VII, 9 ; Cf : IV, Esdras, II, 45-46.
[39] CAHIER, *Caractéristiques*, V° Palme, II, 600-601.
[40] CAHIER, *Caractéristiques*, V° Palme. II, 601, V° Arbre, I, 65, et V° Géant, II, 446 ; E.-K. STAHL, Die Legende vom heiligen Riesen Christophorus, pl. XIV, XV, XVI, LVII a, LVIII a et b, LIX et LX.
[41] MASPERO, *Hist. anc. des Peuples de l'Orient*, 1, 28.
[42] WILKINSON, *Customs and Manners of the Ancient Egypt*, T. III pl. LIX.

toutes les images d'Anubis, dont — avec la tête de chien — il était l'attribut le plus caractéristique.[43]

Le palmier que le saint tient à la main est feuillu et généralement fleuri, en souvenir du reverdissement miraculeux dont il fut l'objet. C'est également un arbre verdoyant qui accompagne Anubis. Au reste, le palmier, qui reprend racine avec une incroyable facilité,[44] a pu fournir une magnifique matière dans les rites de bouturage qui sont à la base de ce miracle, rite et miracle bien connus en Égypte.

c) LE COSTUME MILITAIRE. — D'après sa première légende, saint Christophe était soldat et c'est ainsi que le qualifie l'abbé Profillet dans son martyrologe des Saints Militaires.[45] On le représente quelquefois avec le costume guerrier, comme à l'abbaye Saint-Vincent-au-Bois,[46] mais il porte le plus souvent le costume de dignitaire du palais impérial, ainsi qu'il convient même pour les grands stratilates.[47] Dans de vieilles images russes, où saint Christophe est encore représenté avec une tête animale, il est vêtu d'une sorte de tunique militaire et d'un grand manteau, dont l'un des côtés est relevé sur l'épaule. Il tient d'une main la croix et de l'autre l'épée ou la lance.[48]

Mais comment ne pas remarquer qu'à peu de chose près, il portait le costume habituel d'Anubis. La tunique à manches courtes du dieu s'arrête au-dessus du genou, la taille est serrée dans une ceinture ou un ceinturon ; des

---

[43] Pour Anubis avec l'arbre, voir MONTFAUCON, *Antiq. Expl.* II, 2 pl. CXXXV, p 326 et Suppl. II, pl. XI. CLARAC, *Musée de Sculpture.* pl. 983, n° 2568. G. LAFAYE, *Les Divinités d'Alexandrie*, p. 293, n° 102 et 103 ; p. 297, n° 112 ; p. 320, n° 193. S. REINACH, *Les Pierres gravées*, P. 1895, pl. 82, fig. 10.

[44] Dans l'Inde, en raison de cette facilité à prendre racine, on dit d'un ennemi vil et méprisé qu'il prend racine comme un palmier. MAHÂBHARÂTA, I, 5627. Cf. A. DE GUBERNATIS, *Mythologie des Plantes*, II, 281.

[45] *Martyrologe des Saints militaires*, Paris s. d [1886], in-8°, p. 57.

[46] DURAND, *St Christophe* dans Ann. *Archéol.* (1861), XXI, pp. 123-124.

[47] P. DELEHAYE, *Légendes grecques des Saints militaires*, p, 5-6.

[48] H. GAIDOZ, *Saint Christophe à tête de chien en Irlande et en Russie* dans *Mém. Soc. Nat. des Antiquaires* (1924), LXXVI, pp. 198 et 201, fig. A et B.

épaules tombe un grand manteau, dont l'un des côtés est souvent rejeté en arrière et enfin il tient en ses mains la palme et le caducée. C'est dans ce costume qu'il figure ordinairement sur les bas-reliefs, les gemmes et les monnaies.

Les analogies entre les images du saint et du dieu sont donc frappantes et, sachant que le culte d'Anubis se prolongea dans l'Empire romain jusqu'aux IIIᵉ et IVᵉ siècles et en Égypte beaucoup plus tard, il est à présumer que les images du saint furent parfois une simple christianisation des images du dieu.

Montfaucon reproduit, en effet, une pierre gravée fort curieuse représentant Anubis nu et debout tenant d'une main une palme et de l'autre une couronne et, dans le champ de la gravure, on distingue une croix bien en évidence, qui fut ajoutée par un très ancien possesseur. Peut-être cet inconnu voyait-il dans cette image un saint Christophe avant sa conversion ou au moment du baptême ? Le mot *Barbaria* (pays barbare), gravé au verso de la pierre, pourrait bien faire allusion au pays du saint. La légende qualifie d'ailleurs Christophe de Barbare et nous savons qu'il reçut non seulement le baptême, mais la couronne et la palme du martyre.[49]

Quoi qu'il en soit de l'interprétation de ce petit monument, il reste que l'ensemble des caractéristiques des premières images du saint correspond à l'ensemble des caractéristiques d'Anubis et réalise ainsi un doublet, qui ne peut s'expliquer que par une influence ou un emprunt de l'un à l'autre.

Dans les images modernes, Christophe perd sa tête de chien, mais conserve la palme et le palmier et parfois une apparence de costume militaire.

d) DE L'ENFANT DIVIN QUE CHRISTOPHE PORTE SUR LES ÉPAULES. —
La plupart des images postérieures au XIIᵉ siècle, du moins en Occident, représentent Christophe portant l'Enfant-Dieu sur ses épaules. Parfois les deux jambes de Jésus passent de chaque côté du cou et retombent en avant de la

---

[49] MONTFAUCON, Antiquité expliquée, II, 2, p. 362 et pl. CLIII. Montfaucon n'ose rien hasarder au sujet de ce *Barbaria*, mais précisément parce qu'il ne songe qu'à Anubis. On l'explique assez bien, je crois, en admettant qu'un chrétien fit graver à la fois Barbaria, au verso, et la croix, au recto.

poitrine ; mais dans certaines images, surtout celles qui viennent des Grecs, l'enfant est à cheval sur une seule épaule « une jambe en avant, une jambe en arrière ; il arrive fréquemment qu'il repose sur l'un des bras du saint.[50] »

On ne connait pas de représentation d'Anubis portant un enfant. Notons toutefois que des gemmes antiques nous montrent le dieu à tête de chien portant un bélier sur ses épaules, vraisemblablement Osiris confondu avec le soleil.[51] En revanche, il existe deux divinités grecques qui ont des rapports étroits avec Anubis et qui, précisément, portent un dieu-enfant sur le bras ou sur l'épaule. Tout le monde a nommé Hermès et Héraclès.

« Osiris, écrit Diodore, chargea Isis de l'administration générale de ses états et lui donna pour conseiller Hermès, le plus sage de ses amis, et pour général de ses troupes Héraclès, qui tenait à lui par la naissance et qui était d'une valeur et d'une force de corps prodigieuses.[52] » Il est facile de voir, d'après cette tradition, qu'Hermès est ici un substitut d'Anubis et qu'Héraclès en est un autre.

Ces représentations d'Herculanubis, pour être moins fréquentes que celles d'Hermanubis, n'en sont pas moins démonstratives de la popularité de ce type gréco-égyptien.

Les fonctions d'Hermès et d'Anubis comme conducteurs des morts et dieux psychopompes ne pouvaient manquer de provoquer la confusion parmi les dévots gréco-égyptiens. C'est Anubis qui avait inventé l'art d'embaumer les morts, qui veillait à leur sûreté, qui les conduisait auprès d'Osiris dans la salle

---

[50] On peut voir des exemples de ce dernier dispositif dans E. K. STAHL, *Die Legende von heiligen*, pl. LL, fig. a et b., pl. III et pl. IV.

[51] C. W. KING. *The Gnostics ang their Remains*, London, 1887, gd in-8°, p.229 et sur le titre. — Anubis fut le héraut d'Osiris et si mêlé à son histoire que d'aucuns le confondent avec lui. Au reste, Osiris serait parfois apparu sous l'aspect d'un loup, (*Diodore* I, 88). Notre grand CHAMPOLLION avait une tendance à confondre les deux personnages, *Descript. de l'Égypte*, 1, 276-280. JOLLOIS, II, chap. 13 et LE PAGE RENOUF les considèrent comme un seul personnage sous deux noms différents. Cf : E. NAVILLE, La Religion des anciens Égyptiens. P. 1906, in-12, p. 61.

[52] *Diodore*, I, 16.

du jugement et à qui l'on adressait, comme à Osiris, des proscymènes en leur faveur. Hermès tire les âmes des corps à l'heure de la mort, assiste à leur jugement et conduit celles qui sont pures au ciel.[53]

Aussi bien, Hermanubis est-il vraiment un doublet d'Anubis.[54] Au musée du Capitole, on le voit figurer tenant le sistre égyptien de la main droite et le caducée grec de la main gauche[55] ; sur un autel d'Isis, trouvé à Rome en 1719, il tient de la main droite le caducée, de la gauche la situla, et la palme et se pieds sont munis des ailes d'Hermès (talaria).[56]

Ce type mixte fut d'ailleurs adopté par la théologie gréco-alexandrine. « Le Dieu qui fait connaître les substances célestes, dit Plutarque, et qui est la raison de ce qui se passe dans les régions d'en haut, s'appelle Anubis et quelquefois Hermanubis. Le premier nous désigne les relations de Dieu avec le monde supérieur, le second ses rapports avec l'inférieur. Aussi lui sacrifie-t-on tantôt un coq blanc, tantôt un coq de couleur jaune, emblèmes l'un de pureté, et l'autre de mélange et de diversité.[57] »

La parenté d'Héraclès avec Anubis, pour être moins éclatante que celle d'Hermès, n'en est pas moins certaine. Héraclès tient à la fois de Khonsou, de Bisou, ou plutôt présente de grandes analogies avec ces deux très anciens dieux.[58] Hérodote prétend même que le nom d'Héraclès n'est qu'un emprunt des Grecs à l'Égypte.[59] Il est bien certain, en tout cas, que le dieu grec fut souvent confronté avec les divinités égyptiennes. Le type d'Herculanubis n'est autre chose qu'un Anubis considéré sous son aspect de lutteur. Dans certaines

---

[53] A. MAURY, Mémoire sur les divinités et les génies psychopompes dans la *Revue Archéol.*, I, 584 sq.

[54] MONTFAUCON, *Antiq. expliquées*, II, 2ᵉ p., pl. CXXVIII, 5 et CLIV, 5 ; G. LAFAYE, *Les divinités d'Alexandrie*, p. 260 ; A. GAYET, *Fantômes d'Antinoé*, P. 1904, pp. 42-43.

[55] *Mus. Capit.* III, pl. 85.

[56] *Mus., Capit.* IV, pl. 10.

[57] *Sur Isis et Osiris*, 61, trad. Bétolaud, II, 280.

[58] C. SOURDILLE, *Hérodote et la religion de l'Égypte*, pp. 170-178. De Bès il a la force herculéenne et la peau de lion ; DAREMBERG et SAGLIO, Vᵒ Héraclès, p. 118.

[59] HÉRODOTE, II, 43.

statuettes trouvées dans les tombes, nous voyons Anubis représenté en tireur d'arc et prêt à percer, comme Héraclès, les monstres qui peuplent les ténèbres[60] et, dans quelques autres images, le dieu égyptien porte, au lieu de la palme, la massue herculéenne.[61] Au reste, ne prétendait-on pas que le palmier (l'arbre d'Anubis) avait été apporté en Grèce par Héraclès à son retour des enfers[62] ? (9)

Notons enfin qu'Hermanubis et Herculanubis devaient être étroitement unis dans le culte, si nous en jugeons par le cas d'Hermès et d'Héraclès. À Mégalopolis, ces deux divinités avaient un temple commun et l'on rencontre des ex-voto où ils sont unis dans la même dédicace.[63] Les Hermées étaient aussi bien consacrées à Héraclès que les Héraclées à Hermès.[64] Ces fêtes, où les jeux sportifs s'associaient étroitement aux cérémonies, célébraient à la fois la force d'Héraclès et la vitesse d'Hermès, le dieu lutteur et le dieu coureur.

La parenté d'Anubis avec Héraclès et Hermès étant ainsi parfaitement établie, et hors de doute le courant iconographique qui reliait le dieu égyptien aux divinités grecques, par les Hermanubis et les Herculanubis, nous pouvons enfin examiner le cas de ces dieux porteurs d'un enfant divin.

Lorsque naquit Dionysos, c'est Hermès qui, sur l'ordre des dieux, porta l'enfant à ses nourrices.[65] Ce trait devint un thème iconographique des plus répandus et Dionysos est fréquemment figuré enfant et porté par Hermès aux

---

[60] MONTFAUCON, *Ant. expl.*, II, 2ᵉ p., pl. 128, fig. 3 ; MASPERO, *Guide au Musée de Boulacq*, p. 241.

[61] MONTFAUCON, *Ant. expl.*, II, 2ᵉ p., pl. 136 et p. 236.

[62] A. DE GUBERNATIS, *Mythologie des plantes*, II, 280. Cf. DAREMBERG et SAGLIO, Vᵒ *Héraclès*, fig. 3765.

[63] PAUSANIAS, VIII, 32, 3. Cf. DAREMBERG et SAGLIO, Vᵒ Héraclès, 111.

[64] DAREMBERG et SAGLIO, Vᵒ *Herakleia* et *Hermaia*, III, 78 et 134-135. Hermès est d'ailleurs souvent associé à Héraclès dans les bas reliefs. Parfois il marche devant ce dernier en jouant de la cithare, ou le conduit chez Hadès ; d'autres fois, il le présente solennellement à Poséidon, ou lui fait les honneurs de l'Olympe. A. LEGRAND, Vᵒ *Mercurius* in DAREMBERG et SAGLIO, III, 2ᵉ p., p. 1806 et fig. 4936.

[65] LUCIEN, *Dialogues des dieux*, 9 ; PAUSANIAS, III, 18, 7 ; APOLLON, Rhod. ARGON, IV, 1137.

nymphes de Nyra, sur les vases peints surtout.[66] Praxitèle, ayant à faire pour Olympie un Hermès destiné à symboliser l'alliance éléo-arcadienne nous le montre portant le petit Dionysos.[67] Dans les pierres gravées du recueil de Gori, nous avons un Hermès nu portant Dionysos d'une main et de l'autre le caducée[68] ; dans celui de Gravelle, même figure, mais Hermès est muni des talaria et courant[69] ; enfin, sur une troisième pierre du musée de Florence, le divin enfant repose sur le bras gauche un peu tendu, tandis que la main droite porte une tige de férule fleurie.[70]

La férule remplace, en quelque sorte, la palme d'Anubis et nous devons noter que Dionysos, l'enfant divin que porte Hermès, fut assimilé par les Grecs à l'égyptien Osiris ; tel est du moins l'avis d'Anticlide et de Plutarque.[71] Quant à Nyra, le lieu mythique où fut élevé Dionysos, l'hymne homérique le place sur les bords du fleuve Aiguptos, c'est-à-dire du Nil.[72] Toutes ces intrications et ces confusions permettent donc d'affirmer que le type d'Hermès porteur d'un enfant-dieu fut certainement influencé par des souvenirs égyptiens. Ses images eurent certainement à leur tour quelque influence sur le type de Christophe ; en tout cas, elles font partie du vaste courant iconographique qui va du dieu égyptien au saint chrétien.

---

[66] INGHIRAMI, *Vasi fittili*, I, pl. 65 ; STACKELBERG, *Die Graeber der Hellenen*, pl. 21. MILLIN, *Gal. Mythol.*, n°ˢ 227 et 228 ; PANOFKA, *Cabinet Pourtalès*, pl. XXVII.

[67] PAUSANIAS, V, 17, 3. Le type fourni par cette magnifique statue en bronze fut reproduit sur plusieurs monum. MILLIN, *Gallerie Mythol*, n° 226 et WELCKER, *Zeitschr. f. alt. Kunst*, pp. 501.502 ; A. LEGRAND, V° Mercurius in DAREMBERG et SAGLIO, III, 2ᵉ p., p. 1814, fig. 4851.

[68] GORI, I, 71, 2 ; S. REINACH, *Pierres gravées*, XXXIV, 71, 2.

[69] GRAVELLE II, 4 ; S. REINACH, *Pierres gravées*, LXXVIII 4.

[70] GORI, I, 94, 8 ; S. REINACH, *Pierres gravées*, XLV, 94, 8.

[71] PLUTARQUE, *Sur Isis et Osiris*, 36-37. Zeus, dit Plutarque, aurait adopté Osiris et l'aurait appelé Dionysos. Pour lui, ce récit cache une vérité toute physique et d'ailleurs le lierre (Chanosiris en égyptien) est consacré à la fois à Dionysos et à Osiris. Il s'appuie non seulement sur l'autorité d'Anticlide, mais sur les ressemblances de leurs fêtes et de leurs sacrifices.

[72] Hymne XXV, 8-9 trad. Leconte de Lisle, p. 434. Le Nil reçut en effet le nom d Aigle ou d'Aiguptos à l'occasion de l'un de ses plus terribles débordements. DIODORE, 1, 15.

Le thème d'Héraclès portant Éros a été maintes fois abordé par les imagiers de l'antiquité, qui le montrent ordinairement agenouillé afin de faire voir qu'il est écrasé par l'amour enfant.[73] Au sujet de ces sortes de gravures, on peut faire deux remarques : Héraclès, en portant Éros, est écrasé, lui aussi, par le poids de l'univers, car certaines pierres gravées où le dieu porte le globe étoilé semblent être de véritables variantes du premier type.[74] Le saint est ordinairement représenté debout ; mais on l'a cependant peint à genoux, au château d'Amboise, afin de mieux souligner que le poids du Christ l'écrase.[75] Il est vrai que cette peinture ne date que de François Ier, mais elle découle tout naturellement de la légende. Au reste, Héraclès portant Éros est parfois représenté debout, marchant et légèrement incliné sous le poids de l'enfant,[76] ce qui est le type même de nos images chrétiennes. Notons enfin que l'on reconnaît l'Héraclès écrasé par Éros, non seulement à la peau de lion, mais à la massue qu'il tient à la main ou porte sous le bras, et que cette massue, d'après la tradition, tout comme le bâton de Christophe, a reverdi. C'est à Trézène que cette souche desséchée, qui était d'olivier sauvage, prit racine et poussa des feuilles.[77]

Le dieu grec était un maître dans l'art de gouverner, de dompter les eaux torrentueuses ; il endigua le fleuve Tymbris et en détourna deux autres, l'un pour punir Syleus, l'autre pour nettoyer les écuries d'Augias. Le sanglier d'Érymanthe est parfois considéré comme l'emblème d'un fleuve bouillonnant et tout le monde s'accorde à considérer l'Achelous comme un fleuve rapide ; Héraclès les vainquit tour à tour.[78] Certains torrents paraissent lui avoir été consacrés, tel celui qui croise le chemin d'Anticyre à Butis.[79]

Ces deux derniers traits légendaires, qui apparentent singulièrement. Héraclès à Christophe, ne doivent pas nous faire oublier l'essentiel, à savoir

---

[73] *Musée de Florence*, I, pl. 53 et 54. S. REINACH, *Pierres gravées*, pl. 19, 76 et 90.

[74] Cf : GRAVELLE, I, 35 et 36 et S. REINACH, *Pierres gravées*, LXXVI, 35 et 36.

[75] L. J. GUÉNEHAULT, *Dict. Iconogr*, col. 134.

[76] GORI, I, 38. 6. S. REINACH, *Les Pierres gravées*, XIX, 38.6.

[77] PAUSANIAS, XXXI, 11, 13. Cf : P. SAINTYVES, *Essais de Folklore Biblique*, pp 123-124.

[78] DAREMBERG et SAGLIO, *Dict. des Ant.* V° Héraclès, III, 89, 90, 94, 100 et 104.

[79] PAUSANIAS, X, 37.

qu'Éros est une sorte de démiurge et qu'il joue parfois un rôle cosmogonique.[80] L'Héraclès à l'Éros, le bon et saint géant qui porte le Générateur du monde est donc bien vraiment l'un des prototypes du Christophe à l'enfant Jésus.

Les artistes grecs, comme ceux des autres nations, n'hésitèrent pas à s'inspirer de motifs étrangers, et les artistes étrangers qui venaient s'établir en Grèce ne manquèrent pas d'y continuer leurs propres traditions. D'autre part, le syncrétisme religieux, qui fut si en vogue dans le monde gréco-romain et gréco-égyptien durant les premiers siècles du christianisme, ne fit qu'activer et intensifier de tels emprunts.

Et parfois l'analogie des images des deux cultes était telle qu'elles pouvaient passer de l'un à l'autre presque sans aucun changement. Nous avons déjà parlé de cette image d'Anubis qu'un chrétien orna de la croix ; nous pouvons encore citer une pierre gravée représentant. Héraclès fléchissant sous le poids d'Éros où un très ancien possesseur a ajouté, sous l'aisselle du dieu, le monogramme du Christ. Cette adjonction, dit la notice du catalogue où l'on a reproduit la pierre, avait pour but de transformer le dieu en saint Christophe. Elle témoigne, tout au moins, que l'Héraclès porteur d'Éros, par sou symbolisme même, incitait les adeptes de la nouvelle religion à le christianiser.[81]

Contre cette parenté des images d'Anubis et de Christophe, on a objecté que le saint Christophe à tête de chien ne porte pas encore l'enfant et que le saint Christophe portant l'Enfant Jésus n'a plus la tête de chien.[82] En vérité, saint Christophe ne dépend pas seulement d'Anubis ou d'Hermanubis, mais d'Héraclès ou d'Herculanubis et les images de tous ces dieux fournirent aux imagiers des types interchangeables et qu'en tout cas ils ne se faisaient pas faute

---

[80] THEOGON., 116-119.

[81] On a encore rapproché de Christophe un bas-relief de l'île de Java représentant un ogre portant sur ses épaules le Bodhisattva qui vient de le convertir ; mais si l'aspect iconographique est le même, le thème en est différent. RICHARD GARBE, *Bouddistisches in der Christlichen Legende* dans *Deutsche Rundschau*, October 1911, p. 122-140 et *The Monist*, october 1911, p. 556.

[82] K. RICHTER, *Der Deutsche S. Christoph*, p. 240.

de fondre et de mêler. Les images de saint Christophe sont le produit de semblables amalgames.

Le courant iconographique qui va d'Anubis à Christophe en embrassant Hermès et Héraclès, Hermanubis et Herculanubis nous apparaît donc considérable et nous pouvons affirmer, en toute certitude, que les images de Christophe dérivent de ce vaste courant païen et qu'elles ont tour à tour emprunté à Hermès et à Héraclès l'enfant divin, à Héraclès et à Anubis le palmier ou l'olivier, à Anubis enfin la tête de chien et le costume militaire.

DEUXIÈME PARTIE

§ I. — *Le culte de saint Christophe*

Un courant légendaire et iconographique suppose ou implique un courant cultuel. Nous allons essayer de nous en former une idée exacte en étudiant tour à tour le culte des images du saint, ses patronages et offices, les sacrifices et les fêtes que l'on célébrait en son honneur. Nous remonterons ainsi aux origines mêmes du rituel saisonnier d'où découle toute cette religion populaire.

CHAPITRE I
De la dévotion envers Saint Christophe les grandes images de la Porte

La popularité du culte de Christophe fut immense. Ou lui consacra non seulement un grand nombre de paroisses et de sanctuaires ; [83] mais des images si nombreuses que leur catalogue constituerait un véritable monument.[84] Parmi celles-ci, nous croyons devoir donner une particulière attention aux statues colossales du saint que l'on plaçait généralement à la porte des églises. Elles nous montrent de façon éclatante quelles furent la naïveté et la vigueur de la confiance populaire durant de longs siècles.

a) *Des statues colossales de saint Christophe.* — La plus ancienne de ces grandes figures paraît être celle du vitrail de la cathédrale de Strasbourg qui, au dire du P. Martin et d'autres savants archéologues remonte au XIIe siècle.[85] La

---

[83] *AA. SS.* Juin VI, 127-129 ; dans le seul dioc. de Paris, l'abbé Lebeuf signale plus de vingt églises ou chapelles : à La Villette, Aubervilliers, Montjay, Couberon, Chateaufort, Mont-Rouge, Ballenvilliers, Chantelou, Guermante, Villers-sur-Marne, St-Maur, Créteil, sans compter les chapelles incluses en d'autres églises comme à Sainte-Geneviève. *Hist. du Dioc. de Paris*, éd. Bournon, P. 1883, 1, 237, 463-464, 557-559 ; 11, 526. 538 ; III, 299, 586 ; IV, 81, 533, 627, 641 ; V, 10 et note.

[84] E. PESSEMESS, *La Légende de S. Christophe dans Archéol. Popul.*, 1868, p. 458.

[85] ABBÉ GUERRIER, *Essai sur les vitraux de la cathédrale de Strasbourg*, Strasbourg, 1848, p. 36, note 2.

même ville de Strasbourg posséda une statue de trente-six pieds jusqu'en 1531.[86] À Saint-Saturnin de Toulouse, on voit, incrusté dans un des piliers du transept, en face de la chapelle du crucifix, le grand saint Christophe que possédait cette ancienne basilique ; les deux énormes pieds du saint font saillie en dehors.[87] Mais ordinairement, Christophe était placé à la porte des églises, comme à Nevers, à Moulins et à Chartres.[88]

La grande statue de Notre-Dame d'Anvers disparut dans l'incendie de cette église en 1533.[89] On voit encore, à l'extérieur d'un petit portail de la cathédrale d'Amiens, une statue de saint Christophe haute de quatre mètres.[90] Le saint Christophe de Notre-Dame de Paris datait de 1413. C'est Antoine des Essarts qui, en reconnaissance d'avoir été délivré de la tour du Louvre où il avait été longtemps prisonnier, pour avoir suivi la faction du duc de Bourgogne, fit faire cette image dans laquelle il était représenté à genoux, armé de toutes pièces et qualifié de Chambellan du roi Charles VI.[91] Elle fut abattue, par ordre du chapitre, en 1784. Celui de la cathédrale d'Auxerre datait de 1539 et n'avait pas moins de vingt-neuf pieds de haut et de seize pieds de large d'une épaule à l'autre. Le chapitre, là encore, le fit abattre dès 1768.[92] Ce fut sans doute également le chapitre de la cathédrale de Sens qui supprima l'effrayante image du saint autrefois appuyée au premier pilier de droite de la

---

[86] *Le Grand Saint de la Semaine dans L'Impartial Français* du 26 juillet 1924.

[87] E. PESSEMESSE, *Lég. de . Christophe dans Archéol. Popul.*, 1868, p. 393.

[88] L. DE BROC DE SEGANGE, *Les Saints patrons*, II, 78.

[89] DIERIXSENS, *Antwerpia Christo nascens et crescens*, IV, 63.

[90] Abbé J. CORBLET, *Hagiogr. du dioc. d'Amiens*, P. 1874, IV, 208-209.

[91] Abbé LEBEUF, Hist. de la ville et de tout le Dioc. de Paris, P. 1883, III, 208. Le saint Christophe de l'église Saint-Martin de Jouy-en-Josas avait été « peint à fresque à l'entrée dans l'aile suivant l'usage de mettre les images de ce saint a portée de la vue d'un chacun ». Abbé LEBEUF, l. l. III. 265.

[92] R. P. CAHIER, *Caractéristique des Saints*, V° *Géant* II, 446, qui remarque : « Ce n'était vraiment pas la peine que les chanoines s'en mêlassent : avec quelques années de patience, on eût obtenu le même résultat, sans que des mains ecclésiastiques y prissent part. »

cathédrale.[93] Elle datait de 1540, ainsi que l'indiquent des vers bien curieux, gravés sur la tombe, toute proche, du donataire :

> Maistre Jean Olivier, natif de Bar-sur-Seine,
> Curé de Champlemi et de céans chanoine,
> L'an mil 540, pour rendre à Dieu hommage,
> Du martyr S X tofle fit faire cette image
> Un an après mourut. Ci gît en sépulture.
> Vous qui paroi passez, voyant sa portraiture
> Priez Dieu pour son âme et pour vous on priera
> Car comme vous ferez, pour vous certes on fera.[94]

La statue de la collégiale du Saint-Sauveur de Blois, haute de dix-huit pieds, fut détruite, avec cette église, en 1793.[95]

Dans la basilique de Notre-Dame d'Avenières, à Laval, on conserve encore la statue de bois exécutée en 1583 à la requête des habitants ; elle mesure 3 m. 30 de hauteur.[96] Elle n'a pas subi de dégradations sérieuses, bien que les filles viennent, depuis des siècles, piquer des épingles dans ses mollets afin d'obtenir un mari. La statue de Notre-Dame de Montjoie, près Saint-Hippolyte, dans le Doubs, a été moins favorisée. Les filles et les veuves qui désirent trouver un mari dans l'année coupent une parcelle de la statue du saint ; aussi bien sa tunique est-elle en loques, le nez et les oreilles sont-ils entièrement détruits.[97]

En certaines localités de l'Anjou, le peuple conserve encore de vieilles traditions au sujet de sa taille et de sa force extraordinaires :

« Les paysannes des villages qui avoisinent la prairie de Chacé racontent que la Pierre-Fiche ou Peulvan (qui s'y dresse) est un grain de sable tombé des

---

[93] MILLIN, *Voyage dans les départements du midi de la France*, P. 1807.
[94] *Mercure de France*, juin 1735, p. 1133.
[95] DUPRÉ, *Sur le culte rendu à saint Christophe dans Congr. Scient. de France* (1869-1870) XXXVI, 434-435.
[96] Carte postale éditée à Laval.
[97] Ch. THURIET, *Trad. Pop. du Doubs*, P. 1891, p. 449-453.

sabots de saint Christophe et que ce saint était si grand, si grand qu'il faisait le tour de la terre en vingt-quatre enjambées.[98] »

Un des dessins dont Holbein a illustré l'*Éloge de la Folie* représente un paysan en prière devant une grande image de saint Christophe, peinte à fresque contre un mur.[99] Ces grandes images abondèrent en Allemagne.[100] On y était même si persuadé du gigantisme du saint martyr, que l'on montrait jadis à Munich, dans l'église des Jésuites, un os de mammouth comme étant une de ses vertèbres.

Une des portes de la ville de Berne, en Suisse, dite porte saint Christophe, était jadis ornée d'une colossale statue du charitable passeur. D'aucuns, en raison même de sa taille, voulaient y voir une figure de Goliath.[101] Mais le martyr n'ayant pas satisfait à ce que l'on attendait de lui, son effigie fut reléguée dans une tour de la ville.[102]

À Florence, sur la façade de San Miniato, un des Pollaioli avait peint un saint Christophe de vingt pieds ; à Milan, sur le mur extérieur du porche de Saint-Ambroise, se lisent ces mots, sous l'image du saint :

> Christophorum videas
>
> Postea tutus eas

que l'on peut lire, avec l'abbé Daguin :

> Si vous avez vu saint Christophe
>
> Ne craignez nulle catastrophe.[103]

À Venise, sous le porche de Saint-Marc, on voit un saint Christophe en mosaïque, accompagné de ces vers :

> Christophori Sancti speciem quicunque tuetur

---

[98] BODIN, *Recherches hist. sur Saumur et le Haut Anjou*, 1821, II, 30. Le culte de saint Christophe est associé à diverses pierres énormes, mégalithiques ou erratiques, en Eure-et-Loir et en Lorraine. À Gérardmer, à Remiremont et dans la région vosgienne, il est appelé saint Kertoff. P. SÉBILLOT, *Gargantua dans les Trad. Pop.*, P. 1883, p. 213 et 247-249.

[99] MUNTZ, *Hans Holbein*, p. 67.

[100] J. MOLANUS, *De Historia SS Imaginum*, éd. Paquot. p. 318.

[101] MISSON, *loc. cit.*, III, 287.

[102] Ch. THURIET, *Trad. Pop. du Doubs*, p. 449.

[103] DAGUIN, *Note sur les sept images de saint Christophe*, Langres 1849, p. 135-136.

> Illo namque die nullo languore tenetur

que l'on a parfois traduits :

> Quiconque aura vu la face de saint Christophe
> De sa vie, en ce jour, fortifiera l'étoffe.[104]

Au XVIIIᵉ siècle, on pouvait encore admirer un saint Christophe monstre à Venise, en l'église Sta Maria de l'Horto.[105] Misson, peu sympathique aux dévotions catholiques et quelque peu mauvaise langue, écrit : « Quoi que cette statue soit moderne, comme elle a été faite par un très habile sculpteur (Gaspar Moranzano) sur la proportion d'un os de l'original (apporté d'Angleterre, en 1470, par un très bon connaisseur en reliques), on a le bonheur de voir, par ce moyen, la juste grandeur du saint.[106] »

De semblables reliques, jadis nombreuses dans tout l'Occident[107], abondent encore en Espagne. « L'église de Tolède en possède quelques ossements, que Tamayo dit avoir été rapportés dès l'année 258, c'est-à-dire quatre ans après son décès. Celle de Valence en a davantage, mais elle les a eus de Tolède, lorsque cette ville fut ruinée, en 828. On en montre un bras à Compostelle et une mâchoire à Astorga. Tous ces membres, dit Mgr Guérin, sont d'une grandeur extraordinaire.[108] » Un voyageur moderne, qui a bien vu l'Espagne, signale, dans la cathédrale de Séville, une sorte de colossal Juif-errant, baptisé du nom de saint Christophe, et destiné, suppose-t-il, à faire peur aux petits enfants. » Et il ajoute : « Dans presque toutes les églises de l'Espagne, on trouve des Juifs-errants analogues.[109] »

Cette rapide revue suffira à nous donner une idée de la popularité de notre saint et des espoirs que l'on fondait en lui.

---

[104] PASINI, *Guide de la basilique S. Marc à Venise*, Schio, 1888, p. 69.

[105] *Les Délices de l'Italie*, Leide, 1709, I, 111.

[106] MISSON, *loc. cit.*, I, 334.

[107] AA. SS. Julii, VI, 128, E. 129 F. BAILLET, *Les Vies des Saints*, V, 356.

[108] MGR GUÉRIN, *Les Petits Bollandistes*, IX, 26.

[109] PAULIN NIBOYET, *La Reine de L'Andalousie, Souvenirs d'un séjour à Séville*, 1858, in-12, p. 64 ; L. J. GUÉNEBAULT, *Dict. Iconogr. P. Migne*, 1850, col. 134.

b) *De la raison de ces statues colossales.* — On s'est souvent demandé les motifs qui avaient pu déterminer à donner une si grande taille aux images de Christophe. D'aucuns en ont été si frappés qu'ils ont pensé que le saint l'avait empruntée à quelque grande idole d'Hercule, de Thor ou d'Ogmius ; mais c'est aller un peu vite en besogne.[110] Tout d'abord, on doit rappeler que la légende du saint eu fait un géant et que cette raison eut sans doute une grande influence sur les imagiers. Pierre de Natalibus lui attribue un visage de douze pieds de long.[111] Mais il y en a d'autres et qui ne sont pas sans intérêt. Antonio Castiglioni, auteur d'un livre sur les antiquités de Milan, a consacré tout un chapitre à la dévotion des Milanais au grand saint Christophe, sous l'invocation duquel on avait construit une église en dehors de la ville, du côté de la porte du Tessin. Les murs de cet édifice étaient encore, du temps de l'écrivain, couverts d'images du saint qu'avaient fait peindre des individus guéris de la peste.[112] Nous savons pertinemment que nombre de ces grandes statues, telles celles de Notre-Dame de Paris ou de Notre-Dame de Sens, étaient des ex-voto. Il est fort probable que les donataires chrétiens, comme jadis les donataires païens, pensaient manifester mieux leur reconnaissance en augmentant la taille des images offertes. On voyait, dans le temple de Delphes, un Apollon géant et un Zeus colossal, qui avaient été offerts l'un et l'autre en remerciement pour des victoires insignes.[113] Les anciens Grecs pourraient nous offrir cent autres exemples analogues. Il nous suffira de remarquer qu'en raison de leur taille ces sortes d'offrandes étaient ordinairement placées à la porte des

---

[110] K. RICHTER, *Der Deutsche S. Christoph*, Berlin, 1896, pp. 238-239 et pour l'emprunt à Ogmius, l'Hercule Gaulois : BODIN, *Recherches histor. sur Saumur et le Haut Anjou*, 1821, 11, 27 et 30.

[111] *De Sanctis*, C. 135, Lugd. 1519, p. 128.

[112] J. DURAND, *St Christophe* dans *Ann. Archéol.* (1861), XXI, 123.

[113] PAUSANIAS, X, 14 et VI, 19 ; il arrivait également que de telles images constituaient une amende ou une expiation, tel cet autre Apollon de 35 coudées que les Phocéens durent offrir au temple de Delphes pour avoir labouré un champ réservé au dieu : PAUSANIAS, X, 15. Cf : W. H. DENHAM ROUSSE, *Greek votive offerings*, Cambridge, 1902, pp. 125-129 ; 208-216, 357-30.

temples et dans les bois sacrés qui les environnaient. L'Apollon de Mégalopolis, haut de 12 coudées, veillait aux portes de Zeus Lycéios[114] ; le Zens de dix coudées, qui fut dédié à Olympie après la victoire de Platée, est érigé dans le bois sacré qui avoisine le temple.[115]

Les mêmes raisons et les mêmes sentiments qui inspiraient les dévots de la Grèce ont pu inspirer les amis de saint Christophe, sans que la pratique païenne ait eu à agir sur la coutume chrétienne. Nous pouvons toutefois noter que cette influence n'est pas invraisemblable, car non seulement les Égyptiens faisaient volontiers de gigantesques images divines, mais en 1750 on découvrit à Porto une statue colossale d'Anubis, que l'on peut voir encore aujourd'hui au musée du Capitole.[116]

Hermès et Héraclès eurent aussi l'honneur de semblables statues. Les habitants de Thase dédièrent jadis à Jupiter Olympien un Héraclès de dix coudées.[117]

La dévotion reconnaissante qui inspira d'ériger des statues colossales aux dieux païens a, certes, pu suffire pour inspirer également le dévots de Christophe. En tout cas, nous pouvons constater que, sur ce point, la dévotion chrétienne rejoint la dévotion païenne.

Il nous reste, néanmoins, à examiner si la haute taille de notre saint n'a pas été parfois déterminée par un troisième motif. Le P. Cahier écrit : « L'intention des sculpteurs qui dressaient des figures si énormes à ce martyr célèbre n'était pas seulement de rappeler la stature presque monstrueuse de saint Christophe, mais aussi de le rendre plus visible de loin à tous les regards. Il parait avoir été reçu vers le XVᵉ siècle (et même longtemps avant) que voir saint Christophe

---

[114] PAUSANIAS, VIII, 30.

[115] PAUSANIAS, V, 23 et HÉRODOTE, IX, 81. Notons cependant qu'il ne devait pas être plus grand que le Zeus de Phidias. « Le dieu, en effet, bien que représenté assis, touchait presque le plafond de la tête et l'on ne pouvait s'empêcher de penser en le voyant que, s'il se fût dressé de toute sa hauteur il eût soulevé le toit de l'édifice. » HÉRODOTE, VIII, 30.

[116] G. LAFAYE, Les divinités d'Alexandrie, pp. 261 et 285.

[117] PAUSANIAS, V, 25.

était une garantie contre tout accident fâcheux durant la journée et surtout un préservatif assuré contre le danger de mort subite ou de rage.[118] »

La vieille estampe de saint Christophe, qui a passé longtemps pour le plus ancien monument xylographique, portait cette inscription dont le mètre n'est pas scrupuleux :

> Christophori faciem die quacunque videris,
> Illa nempe die morte mala non morieris.

que l'on traduisait :

Quand, du grand saint Christophe, on a vu le portrait, De la mort, ce jour-là, on ne craint plus les traits.[119] Et cette conviction était si générale, qu'en Carinthie, une loi militaire de 1517 obligeait les soldats à réciter tous les jours un pater en regardant l'image de notre martyr.[120] Saint Christophe était, pour ainsi dire, un autre serpent d'airain, mais de caractère préventif. On met quelquefois au pied de sa statue des serpents, dont les hagiographes ne savent comment expliquer la présence[121], mais qui pourraient bien indiquer le pouvoir bienfaisant de ses images. Esculape fut adoré sous la forme d'un serpent et dans tout l'Orient méditerranéen, en Égypte en particulier, les serpents des temples et des inscriptions, comme les images divines, après les cérémonies consécratoires, passaient pour contenir l'âme du dieu ou des dieux.[122] Tout permet donc de croire que la contemplation du serpent sacré ou de l'image divine passait pour salutaire, au pays du Nil. On a trouvé, en Italie, plusieurs autels d'Isis où figurent Hermanubis et Harpocrate.[123] Dans l'un d'eux, Isis est remplacée par un serpent sacré[124] et sur une pierre gravée, reproduite par Ma-

---

[118] P. CAHIER, *Caractéristiques*, V° *Géant*, II, 446. Voir aussi A. MAURY, l. l, p. 146 et note 3.

[119] L. J. GUÉNEBAULT, *Dict. icon. des monum.*, 1843, 1,276.

[120] AA. SS. Julii, VI, 131 A. MOLANUS, *Hist. Sacr. Imaginum*, éd. J. Paquot, p. 319, note 2, d'après H. MIGTSERI, *Chronicon Corinthiae*.

[121] E. PESSEMESSE, l. l., p. 395.

[122] E. AMÉLINEAU, *Rôle des serpents dans les croyances relig. de l'Égypte*, p. 1905, pp. 12-13, 16, 21-22, 31. 40.

[123] S. REINACH, *Répertoire des reliefs grecs et romains*, III, 229 et 432.

[124] S. REINACH, l. l., III, 191.

nette, Anubis, également associé à Isis, s'appuie de la main gauche à un palmier, tandis qu'un serpent, dont il tient la queue de la main droite, s'enroule autour de son bras et dresse la tête au-dessus de son épaule.[125]

Le Christophe des images orientales portant d'une main la croix, l'équivalent du Christ ou du serpent d'airain, et de l'autre la palme est-il une réplique de l'Anubis au serpent, nous l'ignorons ; mais il faut reconnaître la parenté de ces grandes images divines et des sentiments qui les ont inspirées. Des antiquaires ont même prétendu que, si l'on avait mis ces statues géantes à l'entrée de nos églises et de nos cathédrales, c'était pour remplacer la statue d'Hercule ou d'Héraclès que l'on mettait jadis à l'entrée des temples païens.[126]

CHAPITRE II

Des pouvoirs de saint Christophe et de ses divers offices

Le courant de dévotion que nous ont déjà révélé l'abondance et la taille des images de Christophe s'explique, de reste, par la confiance qu'on leur accordait. Il ne sera pas inutile cependant de passer en revue les diverses invocations que l'on adresse à notre saint : elles prêteront à des comparaisons utiles.

1° *Christophe protecteur des voyageurs.* — Saint Christophe, grand batteur de routes, — rappelez-vous ses courses à la recherche d'un maître — et passeur charitable, fut tout naturellement invoqué par les voyageurs et tout spécialement pour les voyages périlleux. Les voyageurs dans les montagnes ont choisi notre saint pour patron ; son bâton, qui rappelle celui des montagnards ou des touristes, son aide dans le passage des torrents, suffisaient amplement à les y inciter. Déjà l'année 1386, dans le Vorarlberg, il se forma une confrérie de saint Christophe pour guider les voyageurs à travers l'Arlberg et, depuis cette

---

[125] MARIETTE. 1, 10 et S. REINACH, *Les Pierres gravées*, p. 82, n° 10.
[126] J. L. DE LUC, *Polymathie* cité dans *Journal des Savants*, 1666, p. 97 et DUPRÉ, *Sur le culte rendu à saint Christophe dans Congrès Scient.* (1869-1870), XXXVI, 431.

époque jusqu'à l'année 1614, on y voit figurer quatre archiducs d'Autriche et huit évêques.[127]

Les dangers des nouveaux modes de locomotion ne pouvaient manquer de rendre une nouvelle vitalité à ce très ancien patronage de notre secourable passeur.

Une église récemment élevée à Paris dans le quartier de Javel a été dédiée à Christophe et les mosaïques qui en décorent la façade attestent ce que l'on peut espérer de sa protection. On peut voir le saint martyr guidant la barque d'un pêcheur, tendant la main à un alpiniste en danger, retenant un cheval emporté, prévenant un choc d'automobiles, arrêtant une locomotive et soutenant un avion sur le point de tomber.

Voici bientôt une vingtaine d'années que des effigies de saint Christophe figurent sur des catalogues de fournitures pour automobilistes ; il y a des breloques pour la montre, le collier ou le bracelet, des plaquettes en métal que l'on fixe à l'avant de la voiture, enfin des statuettes que l'on place sur le bouchon du radiateur.[128] Les aviateurs peuvent d'ailleurs jouir, pour les mêmes prix, des mêmes privilèges.[129]

En 1916, on a érigé à Châteauroux une confrérie en l'honneur de saint Christophe ; c'est un des rares sanctuaires français qui possède encore quelques-unes de ses reliques. Les membres de ladite confrérie, outre maints avantages spirituels, peuvent s'y fournir de plaquettes protectrices et de médailles.[130]

Au reste, la dévotion à saint Christophe nous réservait encore d'autres surprises. On a institué en son honneur un pèlerinage sportif au sanctuaire de Saint-Christophe-le-Jajolet près d'Argentan. Les automobilistes s'y étaient ren-

---

[127] *AA. SS.* Julii, VI, 130 C-E.

[128] J, CLARETIE, *Porte-bonheur pour automobile* dans *Rev. des Trad. Pop.* (1907), XXII, 288. *Rev. de l'hypnotisme*, 1907, p. 287.

[129] Sur le patronage des aviateurs, cf. : *Intermédiaire des Chercheurs et des curieux* (1919), LXXIX, pp. 118 et 248 et W. DEONNA, *La céleste patronne des aviateurs*, dans *Rev. d'Ethnogr. et des Trad. Pop.* (1922), p. 251.

[130] *Petit Écho de la Confrérie de saint Christophe de Châteauroux* (1924).

dus en grand nombre le 26 juillet 1924. Le prédicateur, homme sage, recommanda vivement aux chauffeurs présents d'éviter les excès de vitesse, attendu que notre saint n'accorde pas sa protection aux imprudents et aux insensés. Mais à en juger par l'allure des moteurs après la cérémonie, on est en droit de croire que les fidèles font au saint un crédit beaucoup plus absolu.[131]

Chez les Romains, Hercule-Héraclès fut parfois considéré comme un autre Mercure. Une inscription nomme un *Hercules ponderum*. C'est une façon de dieu du commerce que l'on invoque pour la protection des voyageurs.[132] On ne saurait oublier que chez es Grecs, comme plus tard Mercure chez les Romains, Hermès, le messager des dieux, fut le grand protecteur du commerce et des voyages.[133] Hermanubis, comme Hermès, sont souvent figurés avec des ailes aux talons (*talaria*) et passent pour chausser des sandales merveilleusement rapides.[134]

Anubis, de son côté, nous est connu comme celui qui ouvre le chemin : c'est ce que signifie le mot de *ouapouaitou*, qui est le nom du dieu de Lycopolis et qui fut l'une des épithètes d'Anubis.[135]

On nous permettra de remarquer, à ce sujet, que le nom même de Christophe n'est peut-être qu'une transposition du nom du dieu égyptien. Ouapouaitou, l'ouvreur de chemin, fut essentiellement le héraut d'Osiris, ce que les Grecs traduisent par l'expression Osiris-Apherou[136] et ce que les chrétiens alexandrins, qui substituent le Christ à Osiris, purent traduire à leur tour par Christ-Apherou, d'où l'on tira facilement Christophoros, d'autant que la signification étymologique se trouvait ainsi à peine altérée, car celui qui porte le Christ s'apparente étroitement à celui qui lui ouvre le chemin.

---

[131] *La Liberté* du 16 et du 26 juillet 1924.

[132] DAREMBERG et SAGLIO, V° *Héraclès*, III, 1°, p. 127.

[133] A. MAURY, *Hist. des Relig. de la Grèce*, 1, 442.

[134] Sur les bottes de sept lieues et les chaussures de vitesse, cf. P. SAINTYVES, *Les Contes de Perrault*, pp. 242-244 et 285-292.

[135] C. SOURDILLE, *Hérodote et la Relig. égyptienne*, I, 97, note 2 et 394-395, note 5.

[136] GAYET, *Itinéraire de la Haute Égypte*, pp ; 108-109. Cf. A. MARIETTE-BEY, *Denderah. Descript. générale du grand temple de cette ville*, P. 1875, pp, 278-279.

Quoi qu'il en soit de cette conjecture, il est incontestable qu'avant Christophe, Hermès et Anubis remplirent divinement le rôle de protecteurs des routes et des voyageurs.

2° Saint Christophe invoqué contre les périls de mort et tout spécialement contre la mort subite. — Saint Christophe était très particulièrement invoqué contre la mort subite et l'impénitence finale.[137] Le populaire — et ce fut là l'une des superstitions que combattit l'Église et qui poussa les chapitres à faire détruire ses statues — le populaire en était arrivé à croire que la vue quotidienne des images du saint était une véritable assurance contre une mauvaise mort, et que ses dévots n'avaient même nul besoin ni de se confesser ni de recevoir les derniers sacrements. C'est, du moins, ce que nous apprend un canon du Synode de Cambrai de 1565.[138] On a même voulu voir dans Christophe une sorte de Charon chrétien transportant les âmes à travers le fleuve qui entoure l'empire des morts.[139]

Mais qui ne voit combien cette fonction de protecteur du dernier passage rapproche saint Christophe des dieux psychopompes chargés de conduire le mort à sa dernière demeure et de le protéger durant son voyage dans l'au-delà ? Et qui ne sait que c'était précisément là l'un des rôles essentiels d'Hermès et d'Anubis ? L'Égypte païenne, longtemps avant l'Égypte chrétienne, a connu le jugement des âmes après la mort ; l'âme, représentée par le cœur, était mise dans la balance et Anubis assistait toujours à cette scène. On assure même qu'au moment de la pesée, le dieu de Cynopolis pouvait fausser le peson de la balance.[140] Au reste, ce n'était là qu'un épisode de son rôle de conducteur de, morts. Sans lui l'âme n'eût pas survécu à son voyage souterrain, semé des plus

---

[137] L. DU BROC DE SEGANGE, *Les Saints Patrons*, II, 78.

[138] L. 43. *De Sanctus* Ch. 6. Cf. : MOLANUS, *De Historia SS. Imaginum*, éd. N. Paquot, Louvain, 1771, p. 100.

[139] J. VAN DER VLIET. *S. Christophorus, dans Tweemaandelijksch Tijdschrift*, novembre 1897, p. 27.

[140] CAPART. dans *Rev. du Clergé Fr.*, LXIV, 287, et M. MORET, *Le Jugement du roi mort dans les textes des pyramides de Sakkarah* dans *Annuaire de l'École des Hautes-Études pour 1922.*

redoutables périls. Jusqu'au Ve siècle, l'Anubis à tête de chacal et l'Hermès à tête d'épervier accompagnent le mort au tribunal d'Osiris ; même sur les stèles chrétiennes sous le portrait d'un prêtre chrétien trouvé à Deir-El-Bahari, figurent encore les deux chacals noirs, l'Anubis du Nord et l'Anubis du Sud qui, depuis plus de 6.000 ans, gardent les tombes égyptiennes.[141] Dans les catacombes romaines, le plus ancien monument qui représente le jugement de l'âme nous montre Mercurius (Hermès), muni de la baguette et du caducée, introduisant devant le trône infernal l'âme de la jeune Vibia.[142] Et l'on ne saurait douter qu'il n'ait accueilli l'âme au moment même de sa sortie du corps.

Les autres fonctions de Christophe ne font plus songer à celles d'Anubis, mais en revanche rappellent toutes, plus ou moins étroitement, les offices d'Héraclès. Les unes et les autres l'apparentent à Hermès.

3° Christophe patron des athlètes. — Le géant Christophe fut le type de l'Hercule chrétien. On a même rimé les merveilleux exploits de son bourdon.[143] Sa taille immense, son air terrible suffisent pour révéler sa force redoutable. Aussi bien devint-il le patron des porteurs de grains, des déchargeurs de bateaux, des charpentiers, des scieurs de long, des portefaix, des crocheteurs de la halle, de tous ceux enfin dont le métier requérait une grande énergie musculaire.[144] Les travaux d'Héraclès en firent l'idéal patron de tous les hommes forts, car tous, en Grèce étaient, plus ou moins, des pugilaires ou des lutteurs.[145]

4° Saint Christophe patron des jeux et des sports. — Jadis, les jeunes gens qui devaient prendre part à des jeux nécessitant de la vigueur et de l'entraînement,

---

[141] E. GUIMET, *Symbole analogue trouvé à Antinoé, Égypte,* dans *Ann. du Musée Guimet,* P. 1903, XXX, 150-151. Cf. : HÉRODOTE, II, 122 qui les confond à tort avec des loups.

[142] R. GARUCCI, *Les Mystères du syncrétisme phrygien dans les catacombes romaines de Prétextat* dans CH. CAHIER et A. MARTIN, *Mélanges d'Archéol.,* P. 1856, 1V, pi. 7, 22 sq.

[143] Comte DE DOUHET, *Dict. des Mystères,* P. 1854, V° *Christophe,* col. 239.

[144] Abbé CORBLET, *Hagiogr. du Dioc. d'Amiens,* p. 207 L. DU BROC DE SEGANGE, l. l., pp. 80-81.

[145] A. MAURY, *Hist. des Relig. de la Grèce antique,* II, 239.

allaient d'abord invoquer cet autre Hercule. Ainsi à Doullens, au diocèse d'Amiens, à Liège au pays wallon.[146]

La vigueur surhumaine que déploie Héraclès dans ses nombreux travaux constitue le trait le plus saillant de sa nature. Les représentations de certains de ces combats, comme celui d'Antée, où il acquit le surnom de *lutteur* (Palémon), sont conçus comme des modèles de la lutte athlétique.[147]

La tradition populaire voulait qu'Héraclès fût le fondateur des jeux olympiques et nous savons qu'il avait des autels en cette ville d'Olympia. Les lutteurs l'y invoquaient sous le nom de Parastate (c'est-à-dire d'assistant), afin d'obtenir la victoire.[148] Hermès avec Héraclès étaient populaires dans les gymnases, où ils avaient souvent des autels. À Messène, un temple leur était dédié en commun, comme patrons des exercices physiques. Dans les jeux sacrés, les Grecs de cent villes différentes associaient Hermès et Héraclès.[149]

5° L'invocation contre la peste et les épidémies.[150] — On pourrait croire qu'il s'agit là de l'extension du patronage contre la mort subite. Plusieurs des saints invoqués contre la peste : saint Adrien, saint Sébastien et saint Christophe, passaient pour avoir été martyrisés au moyen de flèches et c'était précisément le motif qui leur avait fait attribuer la protection des pestiférés. Cette particularité

---

[146] J. CORBLET, *Notice sur une médaille de dévotion présumée d'origine amiénoise*, P. 1866, p. 5-6 ; LE MÊME, *Hag. du dioc, d'Amiens*, IV, 287. En ce jour, à Liège, les arbalétriers organisaient un grand concours en l'honneur du saint et le vainqueur en était proclamé Roy. R. DE WARSAGE. *Calendrier pop. wallon*, p. 281.

[147] DAREMBERG et SAGLIO, V° *Antée*.

[148] A. MAURY, *Hist. des Relig. de la Grèce*, II, 251-252.

[149] DAREMBERG et SAGLIO, V° *Héraclès*, III, 110—111, V° *Hérakleia* et V° *Hermaia*, III, 78 et 134-135.

[150] Sur ce patronage, les témoignages surabondent : *AA. SS.* Julii VI, 130 B. ; F. A. WICHMANN, *Apotheca spiritualium pharmacorum contra luem contagiosam aliosque morbos*, Antwerpiae, 1626, in-4°, cap. XVII, pp. 107-110. IGNACE TERRACHE, *Éloge de St Christophe martyr, un des plus anciens. et illustres patrons contre la peste.....* Douay, 1669, in-12. A. PÉLADAN, *S. Christophe protecteur de nos aïeux, protecteur spécial contre les maladies épidémiques*. Nîmes, 1878, in-12. ÉMILE H. VAN HEURCK, *Les Drapelets de Pèlerinage*, Anvers, 1922, pp. 149-150.

de la passion du saint était figurée par plusieurs flèches retournées posées à ses pieds. On les trouve à Arba, en Dalmatie, sur la châsse qui renferme les reliques de saint Christophe.[151] Dans l'antiquité méditerranéenne, on croyait que l'arrivée de la peste était précédée ou accompagnée d'une chute de flèches véritables. Aussi bien, Du Broc de Segange écrit-il justement : « que les flèches sont les hiéroglyphes de la peste, non seulement chez les anciens, mais dans l'Écriture sainte, où cette maladie est regardée comme les flèches de Dieu.[152] »

Le patronage de Christophe contre la peste, comme celui des autres saints antipesteux, se développe singulièrement avec les grandes épidémies du XIVe siècle. Dans les temps d'épidémie, on promenait ses reliques et les rescapés faisaient peindre son image sur les murs de l'église.[153]

Héraclès fut souvent représenté en archer et c'est avec des flèches qu'il détruisit nombre de monstres odieux. Ses combats contre l'hydre de Lerne, le sanglier d'Érymanthe, les oiseaux de Stymphale semblent signifier le dessèchement des marais et, par suite, la défaite de la peste. C'est en reconnaissance de ses secours contre ce redoutable fléau qu'on lui éleva un temple à Athènes, dans le quartier de Mélite, sous le nom d'Héraclès Alexikakos (qui éloigne les maux).[154]

6° Saint Christophe protecteur des arbres fruitiers. — Le miracle du bâton qui reverdit a valu à Christophe d'être invoqué pour la protection des arbres fruitiers. Ce prodige lui-même avait d'ailleurs des origines rituelles.[155]

Les fruitiers de la ville de Paris associaient son patronage à celui de saint Léonard, et ceux de Valenciennes lui consacraient des fêtes joyeuses.[156] Dans

---

[151] E. PESSEMESSE, *l. c.*, pp. 395 note 1 et 394.

[152] L. DU BROC DE SEGANGE, *Les Saints patrons*, II, 81-82.

[153] L. KNAPPERT dans *Rev. d'Hist. des Relig.* (1880), 11, 472.

[154] *Schol. ad Aristoph. Les Grenouilles* 501 et A. MAURY, *Hist. des Relig. de la Grèce*, 1, 530.

[155] P. SAINTYVES, *Essais de Folklore Biblique*, pp. 117-118 ; voir aussi p. 87.

[156] A. FORGEAIS, *Collection de plombs historiés trouvés dans la Seine*, P. 1862, I, 68-73. L. CELLIER, *St Christophe et les fruitiers de Valenciennes*, dans *Rev. litt. art. Valenciennes* (1869), XXIII, 305.

un très vieux rituel du diocèse de Reims, on trouve une bénédiction des pommes nouvelles au 25 juillet. Cette bénédiction était accompagnée d'une distribution de fruits aux fidèles.[157] On pratiquait une bénédiction semblable à Metz et à Mons.[158]

À Mareuil, au diocèse d'Amiens, la chapelle Saint-Christophe était fort populaire ; on y allait en pèlerinage pour y manger les premières prunes.[159]

Mais saint Christophe était surtout invoqué avant le reverdissement et le refleurissement des arbres, car c'était à lui que l'on s'adressait pour avoir une année fructueuse.

À Hangest-sur-Somme, le jour des Brandons, c'est-à-dire le premier dimanche de carême, ses jeunes gens parcouraient la place, vers le soir, avec des torches enflammées et chantaient ce refrain :

> Saint Christophe
> Envoyez-en de grosses (pommes)
> Des tiots cafignons
> Pour manger en saison.

À Buigny-les-Gamaches, naguère encore, les jeunes gens allumaient un feu « d'éteules » dans les champs et dansaient autour, en chantant :

> Bonhour, bonhour, saint Christophe,
> Envoyez-nous des pommes grosses,
> Des cafignons
> Pour manger dans l'saison.

Dom Grenier voyait dans ces bizarres cérémonies nommées *Behourdis* des restos du paganisme.[160] Elles sont, en tout cas, l'équivalent des lustrations païennes.

Héraclès est aussi, chez les anciens Grecs, le protecteur des arbres fruitiers, sous le nom d'*Héraklès Mélios* (Mêlôn-pomme). Ce surnom, disait-on, avait été

---

[157] L. DU BROC DE SEGANGE, *Les SS. patrons*, II, 80-81.

[158] J. JULIEN, *Coutumes popul. du pays Messin*, p. 35 ; R. DE WARSAGE, *Le Calendrier popul. wallon*, Anvers. 1920, p. 281. Mais à Mons, la bénédiction avait lieu le 14 mai, qui était le jour de la fête du saint.

[159] M. PRAVON, *Les rues d'Abbeville*, p. 12.

[160] DOM GRENIER, *Introd. à l'Hist. de Picardie*, p. 380.

donné au héros parce qu'un jour des enfants lui avaient sacrifié, en guise de brebis qu'on n'avait pu se procurer, des pommes dans lesquelles ils fichèrent quatre petits bâtons pour représenter les pattes de l'animal.[161] Cette explication, imaginée après coup, prouve seulement qu'on offrait des pommes à Héraclès ; j'incline à croire qu'il était devenu le protecteur des arbres fruitiers en souvenir de la conquête des pommes d'or du jardin des Hespérides[162] et surtout en raison du reverdissement miraculeux de sa massue.[163]

7° Saint Christophe patron universel. — Saint Christophe devint au Moyen Âge le saint par excellence. On en fit le premier des quatorze saints auxiliateurs[164] et l'on disait couramment :

> Saint Jean était un grand saint
> Mais saint Christophe était plus grand encore.[165]

Dans la plus grande partie des heures manuscrites du XIIIe et du XIVe siècles et dans celles qui furent imprimées dans le siècle suivant, l'image de ce saint est accompagnée de prières latines et françaises, dans lesquelles on attribue à ce martyr le pouvoir de prévenir tout ce qui peut arriver de fâcheux à l'homme : accidents, maladies, infortunes, tous les malheurs s'écartant à sa vue : de là ces dictons familiers

> Vois d'abord saint Christophe et marche en sûreté
> Glorieux saint Christophe, au matin te voyant
> Sans crainte d'aucun mal on se couche en riant.[166]

---

[161] POLLUX, *Onomasticon*, I, 30 ; HESYCHIUS, V° Μηλων et SUIDAS, V° Μηλοσος Cf : A. MAURY, *Les Relig. de la Grèce Antiq.*, I, 531. On sait d'autre part que Μηλα signifie à la fois pommes et troupeaux.

[162] HÉSIODE, 333-336.

[163] On la voit parfois plus chargée de raisins qu'un cep, GORI, XCI, 7 ; S. REINACH, *Les pierres gravées*, Pl. 70, n° 91, 9.

[164] *AA. SS.* Julii, I, 130 ; ABBÉ F. MAINGUET, *Saint Christophe*, avec des appendices sur le culte de St Gilles et des quatorze saints auxiliateurs, Tours, 1891, in-24.

[165] *Rev. Celtique*, III, 77.

[166] P. LACROIX, *Curiosités théologiques*, pp. 32-33. Pour les formules latines analogues si nombreuses, voir K. RICHTER, *Der Deutsche S. Christoph*, p. 209.

La popularité d'Héraclès lui avait valu jadis un prestige semblable. Ses apparitions étaient toujours des présages de bonheur, tout au moins de sécurité : l'exclamation Héraclès, ô Héraclès ! si familière aux Athéniens, avant d'être un simple cri d'étonnement, fut la supplication spontanée que provoquait un danger subit, un péril inattendu.[167]

Héraclès, comme protecteur universel, avait reçu le nom de Sauveur (Soter)[168] et Christophe ne le méritait pas moins ; l'un et l'autre étaient vraiment deux demi-dieux.

On peut épiloguer à propos de chacun de ces rapprochements ; mais il faut bien avouer que le parallélisme de cette série de patronages forme un ensemble frappant et j'oserai dire démonstratif. Dans un martyrologe publié en 1668, Tafinger n'hésite pas à rapprocher le dieu et le saint : « Il y en a qui pensent, dit-il, que l'on a commencé de peindre l'image de saint Christophe à l'entrée des églises afin de déraciner les derniers restes païens du culte d'Héraclès Alexikakos.[169] » Il paraît évident, en tout cas, que le courant iconographique qui nous a été révélé par l'étude comparative des images d'Anubis, d'Hermès, d'Héraclès et de Christophoros se doublait d'un courant cultuel où la même naïve dévotion savait découvrir ou retrouver les mêmes invocations.

CHAPITRE III

Le sacrifice du Coq

Gerson (1363-1429) dénonce l'habitude où l'on était de sacrifier un coq à notre saint[170] et Henri Estienne (1528-1598), traitant de la conformité du culte des saints avec celui des héros païens, écrit, un siècle plus tard : « Il me souvient d'une chose qui est notable, c'est du coq qu'on offre à saint Christophe en Touraine, pour un certain mal qui vient au bout du doigt (mal

---

[167] DAREMBERG et SAGLIO, V° Héraclès, V, 111.

[168] SUIDAS, *Etym. Magn.*, V° *Soter.*

[169] *Vetustius occidentalis ecclesiae martyrologium*, éd., F. M. Florentinius 1668, p. 682.

[170] GERSON, *Opera*, éd. du Pin. Anvers, 1706, III, 471-472.

blanc). En quoi (pour augmenter la superstition) on observe une chose, c'est qu'il faut que le coq soit blanc : autrement, au lieu de rendre saint Christophe propice par ces sacrifices ou oblations, on le courroucerait.[171] »

En Allemagne, le 25 juillet, on sacrifiait les coqs que l'on avait fait danser les jours précédents en l'honneur de Thor ou de saint Christophe[172], et cette coïncidence n'avait pas manqué d'être remarquée. Finn Magnusson et J.-W. Wolff ont même pensé que le saint avait dû emprunter au dieu, non seulement sa grande taille, mais les principaux traits de sa légende germanique.[173] On raconte, en effet, que le dieu transporta Œrvandiil dans un panier, sur son dos, à travers les rivières appelées Elivagar et qu'il porta de même Loki en traversant le fleuve Vimur, bien qu'il eût de l'eau jusqu'aux aisselles. On a même noté que le bréviaire mozarabique donne à Christophe les cheveux rouges du dieu allemand.[174] Enfin tout le monde sait que l'on invoquait Thor ou Donnar, dieu du tonnerre, contre les orages et les tempêtes ; saint Christophe, peut-être en raison de son rôle de protecteur contre la mort subite, fut l'objet de semblables invocations.[175] Dans un recueil général de formules, usitées dans l'empire des Francs du Vᵉ au Xᵉ siècle, on lit en effet cette prière[176] :

« Nous vous en prions, Seigneur, que la malice des esprits soit chassée de votre maison et, par la vertu de la Sainte Croix, par les prières des saints apôtres, de saint Christophe... et de tous vos saints, que la malignité des tempêtes de l'air disparaisse. »

Les concordances de la légende, de l'imagerie, de l'invocation et de la fête ne semblent pouvoir provenir du hasard et l'on ne saurait blâmer ceux qui pen-

---

[171] H. ESTIENNE, *Apologie pour Hérodote*, éd. L. Duchat, II, 238 et éd. Liseux, II, 309.

[172] A. DE GUBERNATIS, *Mythologie zoologique*, II, 298-299.

[173] FINN MAGNUSSON, *Lexicon mythologicum*, p. 960. J.-W. WOLF, *Beitrage zur deutschen mythologie*, I, 99.

[174] SKALDOK, XVII-XVIII ; Cf. J. GRIMM, *Teutonic Mythologie*, éd. J. S. Stallybran I, 375 et R. B. ANDERSON, *Mythologie Scandinave* (d'après les Eddas), p. 155 et 157.

[175] En témoignage de cette invocation : LAMANA DIEGO, Relacion de la *Vida y novena di S. Cristoval martir y abogado contra tempestades y varias necessitades*. Zaragoza, 1735, in-8°.

[176] E. DE ROZIÈRE, *Recueil*, p. 786.

seront que le saint avait emprunté au dieu germanique sa force et sa taille, ses combats, ses sacrifices et ses coqs.

Nouveau disciple de Sophus Bugge, je ne prétendrai pas que Thor portant Œrvandii ou Loki soit un emprunt à la légende de Christophe ; mais je me demanderai si le dieu et le saint n'ont pas puisé dans un même courant légendaire, iconographique et rituel remontant beaucoup plus haut.

Les Eddas, auxquels nous devons les légendes d'Œrvandill et de Loki, ne furent recueillies qu'au XIe siècle et les voyageurs n'avaient pas manqué qui, ayant couru l'Europe méditerranéenne, avaient pu mêler des traits étrangers aux vieilles traditions septentrionales. Eu bien des endroits, la religion romaine et le culte des sectateurs de Thor et d'Odin avaient fini par se confondre. Les apôtres des pays septentrionaux durent confondre les dieux du nord et du midi et propager cette confusion par leurs prédications.[177] Saemund Sigfusson vint trop tard pour démêler à coup sûr, dans les récits et les chants indigènes, les apports étrangers.

Nous savons par Plutarque que l'on sacrifiait des coqs à Anubis et à Hermanubis[178] et nous ne pouvons pas ignorer que le coq fut l'oiseau d'Hermès, avant d'être celui de Thor ou Donar. Lucien en fait L'interprète du dieu[179], il figure très fréquemment parmi ses attributs[180] et signifie assez clairement que le dieu préside aux commencements et aux départs comme le coq à l'apparition de la lumière et du jour.[181] Dans les représentations de combats de coqs que nous a laissées l'antiquité apparait très souvent un Hermès[182], et le génie des luttes, Agon, nous est représenté sur un vase peint comme faisant une libation à Hermès et, sur un miroir, tenant en main un coq.[183] C'est en tant que Dieu de la palestre et du gymnase, qualité qu'il partageait avec Héraclès, qu'Hermès

---

[177] *La destruction du paganisme en Occident*, II, 329 et 331.
[178] *Sur Isis et Osiris*, 61 trad. Bétolaud II, 280.
[179] LUCIEN, *Le songe ou le coq*, 2.
[180] A. LEGRAND, V° *Mercurius* dans DAREMBERG et SAGLIO, III, 2e p. 1819.
[181] P. SAINTYVES, *Les Contes de Perrault*.
[182] DAREMBERG et SAGLIO, V° *Alektryonon Agonès*, I, 181, fig. 213 et 214.
[183] DAREMBERG et SAGLIO, V° *Agon.*, 1, 147, fig. 180 et 181.

présidait aux combats de coqs.[184] Et sans doute sacrifiait-on le coq aussi bien au dieu qu'au demi-dieu. Hercule, qui devait partager les combats et les sacrifices de coqs avec Mercure, a d'ailleurs avec Thor des affinités que l'on expliquait jadis par une commune origine aryenne et qui pourrait tout aussi bien provenir de la romanisation d'une vieille divinité germanique. L'œuvre principale de Donar Thor est de combattre le grand dragon des eaux Jormungandr, le serpent de Midhgardh, qui est la réplique de l'hydre de Lerne ou du fleuve Achéloüs. Thor et Héraclès s'attaquent également aux géants. Le géant Antée, qu'Héraclès ne put tuer qu'à la condition de le soulever pour le séparer de la terre sa mère, rappelle Hrungnir, que Thor ne peut tuer tant qu'il se tient sur la terre. À Héraclès luttant contre les amazones, on put opposer Thor soumettant les fiancées des Berserker, plus louves que femmes.

Ces deux héros ne se ressemblent pas seulement par leurs combats victorieux. Ils ont la même qualité distinctive : la force, la vigueur el le courage héroïque. L'habitation de Thor est appelée la *maison de la force*, sa fille se nomme *Force*, lui-même se nomme *l'Ase fort* ou le plus fort des dieux, son marteau le *marteau fort*. Il a deux fils, l'un s'appelle *Fort* et l'autre *Courageux*. Le principal attribut d'Héraclès est aussi la force suprême unie à l'incomparable bravoure. C'est ce qu'expriment ses travaux, ses images et les noms d'un grand nombre de ceux qui lui sont parents. Les noms d'Abée son aïeul, d'Alcmène sa mère, d'Iphiklès son frère jumeau, et son propre nom renferment tous l'idée de force et de vigueur. Thor possède un marteau merveilleux, la massue d'Héraclès ne l'était pas moins ; Héraclès était un archer inimitable, de même Ullr, le beau-fils de Thor. Thor est un glouton qui à lui seul peut manger tous les hors d'œuvre, huit saumons et un bœuf tout entier il est vrai qu'il arrose le tout de trois seaux d'hydromel. Héraclès, on peut le croire, eût tenu tête à ce rude compagnon.[185]

---

[184] A. MAURY, *Hist. des Relig, de la Grèce*, I, 219-220.

[185] C. P. TIELE, *Comment distinguer les éléments exotiques de lu mythologie grecque* dans *Rev. d'Hist. des Relq.* (1880), II, 157-158. Cette capacité gastronomique est également attribuée à S. Christophe. Chez les Basques, il est connu comme grand mangeur et il échange ces attri-

Qui oserait nier après cela que Thor et Christophe appartiennent l'un et l'autre à un courant mythique qui se rattache à Hermès et à Héraclès ? Thor et Christophe ont donc fort bien pu, l'un et l'autre, emprunter les combats et les sacrifices de coqs au culte de ces dieux gréco-romains. Les fêtes de Thor, comme celles de saint Christophe, au temps jadis, étaient des fêtes de grosse joie et de licence populaire. À Valenciennes, on déguisait en jeune mariée la femme la plus laide et la plus vieille du quartier et après l'avoir parée de riches atours, on mimait une véritable cérémonie nuptiale, qui se prolongeait tard dans la nuit et déchaînait toutes les libertés.[186] À Louvain, le jour de la Kermesse, on processionnait un grand saint Christophe de toile dont la tête, les jambes et les bras étaient en bois. L'Enfant Jésus qu'il portait sur les épaules était en pierre. Dans l'intérieur, un homme dirigeait cette lourde machine. Cette figure géante était accompagnée des quatre gildes et d'une foule de peuple. La procession s'arrêtait devant les cabarets pour se rafraîchir, et le saint n'était pas oublié. On le plaçait près de la porte sur un fauteuil posé sur un tonneau et on lui faisait avaler quelques verres de bière qui n'étaient pas perdus pour celui qui l'animait.[187] Ces fêtes, du moins dans la Flandre française, outre l'indispensable défilé, comportaient des courses, des luttes, des joutes qui rappelaient les Hermées et les Héraclées.[188] Et les coqs qu'on sacrifiait alors au saint ne font qu'attester par leur mort la continuité de la tradition païenne et la gloire indivisible de toute cette troupe sacrée.

---

butions avec un héros nommé Sepet, quatorze ou vingt-quatre, parce qu'il mange comme sept, quatorze ou vingt-quatre hommes et travaille à proportion. P. SÉBILLOT, *Gargantua dans les trad.* P. 1883, P. 297.

[186] C'est pour cette raison que fut supprimée la fête de St Christophe à Valenciennes, en 1547. Mme CLÉMENT, *Hist. des fêtes... du dép. du Nord*, Cambrai 1836, pp. 124-127. A. DE NORE, *Coutumes, mythes et trad. des provinces de France*, P. 1846, pp. 312-313.

[187] A. G. B. SCHAYES, *Essai histor. sur les usages, les croyances, les traditions, les cérémonies.., des Belges*, Louvain, 1834, p. 147.

[188] En Argonne, le 25 juillet, on offrait jadis un coq à M. le Curé. L. LALLEMENT, *Contes rustiques et folklore de l'Argonne.* P. 1913, p. 220. L'offrande supprimait les anciens sacrifices et les coqs y gagnaient quelque répit.

CHAPITRE IV

Saint Christophe et la Canicule
Anubis et Sothis

Le courant de dévotion qui va d'Anubis à saint Christophe en reliant leurs noms, leurs images, leurs rites ne saurait plus faire de doute ; au reste, l'étude des relations calendaires entre les fêtes du dieu et celles du saint, si c'était nécessaire, achèverait, d'éclairer notre religion.

Sirius ou Sothis, l'étoile du Grand Chien, passait en Égypte pour le héraut du Nil (Osiris-Ounnofer). Elle ne semblait paraître que pour annoncer la crue du fleuve, dont dépend toute la vie du pays. « Ce soulèvement du Nil a lieu, dit Pline à partir du lever du Chien, le soleil entrant dans le signe du Lion... »[189] « C'est l'époque, dit Solin, que les prêtres égyptiens regardent comme l'anniversaire de la création du monde.[190] » Horapollon nous apprend que cet astre passe pour dominer les autres, parce qu'il paraît à son lever tantôt plus grand, tantôt moindre, tantôt plus brillant, tantôt plus terne, et qu'on en tire alors des pronostics relativement à tout ce qui doit arriver dans l'année.[191]

On trouve à peu près la même chose dans les fragments astrologiques du thébain Héphestion : « Lorsqu'à son lever, dit-il, Sirius est couleur d'or, c'est un pronostic heureux de tout point ; il annonce que toutes les productions viendront en abondance, que la crue des eaux, que leur retraite se feront convenablement et en temps utile, etc.[192] »

La fonction de Sirius, pour les Égyptiens, rappelait en quelque façon celle du chien de garde et coïncidait, s'il faut en croire la tradition, avec des manifes-

---

[189] PLINE, H. N. V, 10, 7.
[190] SOLIN, *Polyhistor.* c. 32. Le lever héliaque de Sirius marquait le commencement d'une forme d'année fixe en Égypte, d'après Horapollon, Plutarque, Porphyre, le Scholiaste d'Aratus et Vettius Valerius. LETRONNE, *Nouv. Recherches sur les calendriers des anciens Égyptiens*, P. 1863, in-4°, pp. 81-91, surtout 90, note 1, et 129, note 1.
[191] *Hiéroglyphes*, 1, 3.
[192] HEPHESTION apud SALMAIRE, *Exerc.* Pli., c. II, p. 303.

tations inusitées de la gent canine. Pline prétendait même qu'en voyant apparaître la Canicule, les chiennes devenaient parfois enragées.[193] Les Égyptiens nommaient Sirius l'astre-chien ou astro-kuôn, autrement dit la Canicule, nom qu'elle conserve encore aujourd'hui, et, sur les planisphères célestes, représentaient cette constellation par l'image de cet animal.[194]

Or ce chien céleste fut identifié avec Anubis. « Lorsqu'Anubis naquit, dit Plutarque, Isis le retrouva à grand peine, conduite par des chiens qui la dirigeaient. Elle se chargea de le nourrir ; il devint son gardien et son héraut sous le nom d'Anubis. On le dit préposé à la garde des dieux comme le chien à celle des hommes.[195] » Les levers et les couchers de Sirius étaient par suite considérés comme des apparitions et des disparitions d'Anubis le chien et l'étoile étaient l'objet des mêmes solennités calendaires.

Nous savons que saint Christophe était honoré le 9 mai chez les Grecs et le 25 juillet chez les Latins[196] ; or — fait remarquable et décisif pour la manifestation des liens qui unissent Christophe à Anubis — ces deux dates correspondent précisément à un coucher et à un lever de Sirius.

Ptolémée note un coucher du Chien au 7 mai et le calendrier romain au 8 mai.[197] Le mois de mai, ainsi appelé du nom des ancêtres (Majores), fut jadis consacré aux morts, aussi bien en Égypte que dans le monde gréco-romain.[198] Les coptes, qui ont conservé avec un soin religieux toutes les antiques fêtes de l'Égypte, célébraient le 8 de Pachon (3 mai) une fête générale des martyrs[199] et d'autre part, la fête des Lémures ou des mânes sombres, remplacée, dans le

---

[193] PLINE, H N., II, 40.

[194] HORUS APOLLO, c. 3. GERMANICUS CÆSAR, c. 31.

[195] *Sur Isis et Osiris*, 14 trad. Betolaud, II, 236-237.

[196] Cette date du 25 juillet est déjà donnée par un martyrologe syrien de Wright qui est antérieur au Vᵉ siècle.

[197] DULAURE, *Origine de tous les cultes*, éd. Auguis, VII, 126 et 154.

[198] OVIDE, *Fastes*, V, 427.

[199] On en trouve encore la trace aux 3 et 8 mai dans leur présente année. religieuse. Cf. N. NILLES, *Kalendarium Manuale*, II, 718.

christianisme, par une fête générale des martyrs, commençait le 9 mai dans tout l'Empire Romain.[200]

Le coucher du Chien semblait donc, dans tout l'Orient méditerranéen, favoriser la réouverture du monde infernal. À cette occasion, les Égyptiens jetaient dans le Nil un doigt de leurs ancêtres, persuadés que ce funèbre sacrifice était nécessaire au retour du Chien alors mourant et, par suite, au renouvellement des eaux du fleuve.[201] Cette cérémonie s'accompagnait d'un bouturage rituel, sur lequel se greffa presque nécessairement le thème du bâton sec qui reverdit[202], rituel qui pourrait bien avoir été mis en relation avec l'Invention de la Croix, qui se célébrait à la date du 3 ou du 7 mai.[203]

Mais la grande fête égyptienne était annoncée par le retour de la Canicule, qui se levait du 19 au 26 juillet[204], suivant le point de l'empire d'où on l'observait. Et cette fête de joie et d'espérance correspond précisément à la fête romaine de notre saint, qui tombe, comme chacun sait, le 25 juillet.

Les Grecs et les Romains n'attachaient guère moins d'importance au lever de Sirius que les Égyptiens car, par son éclat extraordinaire, cet astre a, de tout temps, frappé l'imagination. Au dire du poète Manilius, lorsque l'époque du lever de l'astre approchait, les peuples des environs du Taurus montaient sur les sommets les plus élevés pour l'apercevoir plus tôt et les circonstances diverses de son apparition donnaient lieu à mille prédictions relatives à la fertili-

---

[200] P. SAINTYVES, *Les Saints successeurs des Dieux*, p. 1907, pp. 81, 83. Les Lémures s'étendaient du 9 au 13 mai. En Belgique, la fête de St Christophe se célèbre encore le 14 mai. R. DE WARSAGE, *Calendrier pop. wallon.*, p. 281.

[201] MAGRIZI, *Description de l'Égypte dans Mémoires de la Mission archéol.* du Caire, t. XVII, eh. XXII, pp. 194-196.

[202] CONSTANT D'ORVILLE, *Hist. des différents peuples du Monde*, P. 1771-V, 126. Cf P. SAINTYVES, *Essais de folklore biblique*, pp. 117.118.

[203] Le 7 mai est la date adoptée par les Chrétiens Metchites. R. GRIVEAU *Martyrologes et Ménologes Orientaux dans Patr. Gr.*, X, 306.

[204] Cf. LETRONNE, *Nouv. Recherches sur le Calendrier Égyptien*, pp. 18, 27-36 et surtout 39. On avait adopté le 20 juillet comme date officielle qui était la date de son lever pour Memphis. Columelle place ce lever au 26 juillet. *De Re rustica*, XI, 11, 53.

té, la température, les maladies, les alliances et les guerres.[205] Dans un précieux fragment de Diophane de Nicée, on lit l'énumération des divers pronostics qui se tirent du lever de Sirius, selon le signe zodiacal où se trouve la Lune au même moment. « Si le lever a lieu lorsque la Lune est dans le Lion, il y aura abondance de blé, d'huile, de vin et bas prix de toutes les autres denrées ; il y aura trouble, meurtres, apparition d'un roi, douceur de température, attaque d'un peuple contre un autre, tremblements de terre et inondations... »[206] Et cela continue pour chacune des grandes constellations zodiacales. Dans la Grèce de nos jours, « la Canicule est restée en possession des prodiges qu'on lui attribuait. La mer bouillonne, disent les marins, au lever de cet astre de feu le vin, ajoutent les paysans, fermente dans les celliers ; et les eaux stagnantes sont agitées, répètent les bergers qui l'ont entendu dire à leurs pères. La vierge inquiète, dont les sens s'exaltent, quitte son estrade pendant la nuit, agitée d'un désir dont elle ignore la cause ; elle interroge les sorts, son cœur bat ; et les sibylles, en possession de diriger les intrigues amoureuses, lui expliquent le secret de l'avenir.[207] »

Mais revenons à l'antiquité. Notre étoile était l'objet d'un culte avec sacrifices dans l'île de Céos. Au témoignage d'Héraklide de Pont, les habitants épiaient le moment de son lever et, selon qu'elle se montrait éclatante ou voilée, dans un ciel pur ou chargé de vapeurs, ils tiraient des pronostics pour l'abondance ou la stérilité de l'année.[208] Ils sacrifiaient à cet astre[209] qui tenait une grande place dans les traditions locales.[210] De là l'image du chien radié, qui se voit sur les médailles de Géos et de ses trois villes, Julis, Carthea et Coressia.[211]

---

[205] MANILIUS, *Astron.*, J, 394 sq.
[206] *Geoponica*, I, 8.
[207] POUQUEVILLE, *Voyages de la Grèce*, Paris, 1826, 11, 456-457.
[208] CICÉRON, *De la Divination*, I, 57.
[209] *Schol. Apoll. Rhod.*, II, 526.
[210] DIODORE DE SICILE, IV, 82.
[211] LETRONNE, Nouv. Rech., p. 27 et note 1.

Héraclès, vainqueur du lion de Némée, n'est qu'une variante d'Héraclès vainqueur de la Canicule et très vraisemblablement quelques-unes des fêtes du dieu, Hérakleia ou Hermaia, tombaient le 25 juillet, au moment des ravages du Chien.[212] Dans le calendrier copte, figure à cette même date un saint Mercure[213], dont on ne sait rien de certain. Le P. Delehaye ne voit dans ses actes qu'un récit de fantaisie fait de réminiscences et de lieux communs. « La passion de saint Mercure, dit-il, est une composition artificielle de la classe des actes de saint Théodore, de saint Georges et de saint Procope.[214] » C'est d'ailleurs en Égypte que le culte de ce saint fut le plus largement répandu. Abû Sâlih énumère près de trente églises et un monastère placés sous son invocation.[215] En célébrant le 25 juillet la dédicace de l'une de ses églises, les Coptes eurent sans doute en vue de détruire les restes du culte d'Hermès Anubis. Au reste, le trait principal de la légende de ce saint Mercure, envoyé par Dieu pour abattre Julien l'Apostat, nous fait songer malgré nous au Mercure païen, messager et au besoin exécuteur des dieux.[216]

Dans la légende grecque, il ne manque guère, à saint Mercure, que la tête de chien pour qu'il constitue un incontestable doublet de saint Christophe. Je n'oserais pas dire que la légende copte y a pourvu ; mais il s'en faut de bien peu. Le grand-père de saint Mercure fut dévoré par les cynocéphales anthropophages ; mais, soumis par un ange au père de Mercure, ils se convertirent, fu-

---

[212] PRELLER, Grzechische Mythol., II, 190. Il est, en effet, remarquable que le lion de Némée a été engendré par Typhon, qui est le principe de la sécheresse en Égypte. PLUTARQUE, Sur Isis et Osiris, 51, trad. Bétolaud, II, 272. Et l'on ne saurait oublier qu'Héraclès emprunte la peau du lion à Bès ou Bisou, le monstrueux Hercule égyptien, qui fut remplacé, chez les Égyptiens eux-mêmes, tantôt par Khonsou et tantôt par Horos.

[213] N. NILLES, Kalendarium Manuale, P. 1897, pp. 703 et 722.

[214] H. DELEHAYE, Les Légendes grecques des saints militaires, p. 15.

[215] EVETTS, The churches and monasteries of Egypt attributed to Abû-Salih, pp. 48. 368. Sur le sanctuaire principal d'Abû's Saifain A. J. BUTLER, The ancient coptic Churches of Egypt, Oxford, 1884, I, 75-154, et R. P. M. JULLIEN, S. J., L'Égypte, souvenirs bibliques et chrétiens, Lille, 1889, pp. 233-234.

[216] Zeus ne lui donne-t-il pas en effet l'ordre d'aller tuer Argus ? Cf. P. SAINTYVES, Les Saints successeurs des Dieux, p. 311.

rent baptisés et devinrent doux comme des moutons. Notre saint porte d'abord le nom de Philopater, et lorsqu'arrivé à l'âge d'homme il fait la guerre, les anciens soldats de son père lui rendent les plus grands services, puis disparaissent lorsqu'il a vaincu tous ses ennemis. C'est alors que, pour reconnaître les services de ce général des cynocéphales, les habitants lui décernent à l'envi, au lieu du nom de Philopater, celui de Mercurios.[217]

N'est-il pas évident que saint Mercure, comme saint Christophe, à qui il a emprunté des traits frappants, a servi, lui aussi, à christianiser l'antique fête du 25 juillet en l'honneur de Sothis et d'Anubis ?

Ce même 25 juillet, les Grecs pratiquaient une cérémonie appelée *Kunophontes* ou Massacre des chiens.[218] Par ce sacrifice singulier, on entendait apaiser, disait-on, les mânes de Linus, qui avait été dévoré par ces animaux et écarter, du même coup, la sécheresse et les violents orages.[219] En ce même jour (25 juillet), les Romains sacrifiaient des chiens roux à la déesse Furina[220], divinité dévorante qui fut assimilée aux furies par les anciens et qui n'est probablement qu'une personnification de la Canicule.[221]

La Canicule, en ramenant les jours auxquels elle a donné son nom, semblait rouvrir pour quelques semaines (25 juillet-24 août) les portes du monde infernal. N'étaient-ce pas les morts malfaisants qui desséchaient les récoltes, ramenaient les fièvres dangereuses et rendaient les bains meurtriers ?

Les dieux morts, tout naturellement on continua, en l'honneur de Christophe, les cérémonies anciennes. On ne peut rien dire des sacrifices des chiens ; mais les restes du bouturage durent survivre longtemps, ainsi qu'en témoignent le miracle du bâton sec qui reverdit, non seulement dans la vie de saint Christophe, mais dans celle de saint Jean l'Agneau, dont on solennise également la

---

[217] G. AMÉLINEAU, *Les Actes des Martyrs Coptes*, P. 1890, pp, 16-17.
[218] DAREMBERG et SAGLIO, Vᵒ *Arnis*.
[219] CONON, *Narrat.*, 19 ; PAUSANIAS, I,43 ; 7 ; DAREMBERG et SAGLIO, Vᵒ Arnis, 1, 438.
[220] PLINE, H. N., XVIII, 14 ; FESTUS, p. 285.
[221] Voir P. SAINTYVES, *Le miracle de l'apparition des eaux.*

fête le 25 juillet.[222] Et nous savons, de source sûre, qu'à cette date on sacrifiait à Christophe des coqs comme, jadis, à Hermès et à Thor.

CONCLUSION

Le courant qui va d'Anubis à Christophe et à Thor, en passant par Linus et Furina, est, en tout cas, hors de doute, grâce à Sirius qui ramenait l'eau en Égypte, et provoquait un redoublement des feux du soleil et des orages en Grèce, en Italie et dans tout le reste de l'Europe.

La tradition gréco-alexandrine inspira bien souvent la tradition byzantine et l'on s'explique facilement que le culte égyptien de Christophe-Anubis ou de Christ-Apherou passa des bords du Nil aux rivages de la Corne d'Or. Quoi qu'il en soit de la route que suivit le gréco-égyptien Christophe pour entrer dans le monde gréco-romain, nous savons que les traditions byzantines relatives à notre saint et à la nation des cynocéphales circulèrent de bonne heure dans l'extrême occident. Christophe eut une basilique à Ravenne dès 743 et une église à Reims dès le temps de saint Rémi.[223] À ces époques reculées, en Italie et en France, on devait donc déjà connaître la tradition grecque. Nous pouvons en fournir un témoignage formel pour le IXe siècle : saint Rembert ayant demandé à Batram si les cynocéphales étaient susceptibles de rédemption, le savant moine de Corbie lui répond que cela n'est pas douteux ; car les cynocéphales participent à la raison humaine ; il rappelle que les anciens nous ont rapporté qu'ils avaient des troupeaux, qu'ils savaient tisser leurs vêtements et qu'ils formaient une nation véritable. Et il ajoute enfin : « que saint Christophe, le vaillant martyr du Christ, était cynocéphale.[224] » Or, Batram emprunte ce renseignement à un *Libellus de Martyrio S. Christophori* qui remonte

---

[222] REINGSBERG-DURINGSFELD, *Calendrier belge*, Bruxelles, 1862, I, 55-56, et R. DE WARSAGE, *Le Calendrier Pop. wallon*, Anvers, 1920, p. 338.

[223] J. MOLANUS, De SS. *Imaginum*, pp. 322-323.

[224] P. L., CXXI, 1153.

au moins à 865.[225] Notre saint est également connu comme cynocéphale en Irlande, dès le XIe siècle, s'il faut en croire le commentaire d'un très ancien calendrier, peut-être même antérieur à cette date.[226]

Le courant de dévotion qui naquit en Égypte avec le culte astronomique du Nil et de la Canicule et qui anthropomorphisa celle-ci en la personne d'Anubis, le dieu à tête de chien, se propagea dans toute l'Europe sous des formes et des aspects divers englobant avec Hermès et Héraclès, Linus et Furina, Christophe et Thor, roulant un flot d'images semblables et de parallèles supplications. Son unité astronomique et calendaire éclaire et confirme son unité organique ; les besoins des fidèles, les intérêts des prêtres, le goût des images étranges et miraculeuses provoquèrent mille actions diverses, parfois même contradictoires, dans ce vaste courant de dévotion saisonnière ; mais l'unité n'en fut jamais brisée. La Canicule n'a jamais cessé de présider aux fêtes de cette religion populaire.et d'appeler le peuple à solenniser les débordements périodiques de cet autre Nil, qui couvre de ces eaux non seulement l'Égypte, mais tout l'Univers chrétien.

Des évolutions de l'ampleur et de la complexité de celle que nous venons d'étudier sont rares ; il faut que le culte qui se prolonge et se développe ainsi dépende de dates saisonnières auxquelles les populations et les prêtres accordent une importance capitale. Tel est le cas du lever de la Canicule et, par suite ; des diverses occultations de l'étoile. Mais un tel exemple doit nous aider à comprendre l'importance des solstices et des équinoxes, qui jouent un si grand rôle dans l'établissement des grandes fêtes religieuses — et dans l'évolution des dieux qui naissent, meurent et ressuscitent avec la nature même.

---

[225] Le contenu de ce *Libellus* concorde avec la passion publiée par les Bollandistes. St Christophe possède toujours sa tête de chien et ne porte pas encore l'Enfant Jésus.

[226] H. GAIDOZ, *Saint Christophe à tête de chien* dans *Mém. Soc. Nat. des Antiq.* (1924), LXXVI. 195.197. Saint Christophe à tête de chien vint en Irlande par la Provence, avec d'autres traditions de l'église byzantine. H. GAIDOZ, l. l., p. 208.

TABLE DES MATIÈRES